Saku Yanagawa

# どうなってるの、アメリカ!

ニュース&カルチャーが
ぐっと面白くなる
アメリカ最前線トピック30

大和書房

WHAT'SWHA
HAPPENING, HAPPEN
AMERICA!AMERI
WHAT'SWHAT
HAPPENING, HAPPEN
AMERICA!AMERI
WHAT'SWHAT
HAPPENING, HAPPEN
AMERICA!AMERI
WHAT'SWHAT
HAPPENING, HAPPEN
AMERICA!AMERI
WHAT'SWHAT
HAPPENING, HAPPEN
AMERICA!AMERI
WHAT'SWHAT
HAPPENING, HAPPEN
AMERICA!AMERI
WHAT'SWHAT
HAPPENING, HAPPEN
AMERICA!AMERI
WHAT'SWHAT
HAPPENING, HAPPEN
AMERICA!AMERI
WHAT'SWHAT

# はじめに

2024年、アメリカでは今、何が起こっているのだろうか。

本書『どうなってるの、アメリカ！』は、アメリカ在住の筆者が、この国で今まさに起きているできごとや議論、ニュースをもとに、現地からアメリカの「リアル」に迫った一冊である。

と、やや仰々しい前口上を並べ立てたが、筆者は紙面に鋭い記事を寄せるジャーナリストでもなければ、小難しい話を得意とする政治の評論家でもない。普段は、シカゴでスタンダップコメディアンとして舞台に立つことを生業にしている。平たく言えば、「おもしろい」ジョークで人を笑わせる仕事だ。大学時分に渡米し、この道に足を踏み入れてから、いつの間にか13年の歳月が過ぎた。

アメリカのコメディ・ショーではこれまで伝統的に「時事」が語られてきた。為政者を皮肉るジョークから、ポップスターのゴシップ、そして世間を賑わすトレンドや、社会を二分する話題にいたるまで、実に雑多なテーマがステージの上で「笑い」として表現されてきた歴史がある。言い換えると、コメディはいつの時代も「社会」を真正面から映してきた。日々のニュースがその日の夜には「ネタ」になり、人々の関心がそのまま「笑い」に昇華される。私自身、舞台という「ニュースの集積地」に立ち、この国のどこまでも多様なオーディエンスを笑わせるべく、どこまでも大きなこの国を捉えようと努めてきた。初めてマイクを握った13年前から、毎朝、新聞を8紙読むルーティーンは変わらずに続けている。

一方、この13年で、アメリカは大きく変わった。

思えば、渡米時にはバラク・オバマが大統領だった。高校時代、英語の時間に暗誦させられたその演説さながらに、アメリカという未知の場所で「Yes We Can」と自分に言い聞かせた。

２０１６年にシカゴ・カブスが１０８年ぶりのワールド・シリーズ優勝を果たすと、シカゴの街は、私の家の窓ガラスが割られるほどのお祭り騒ぎになった。そしてその翌週、大統領選ではドナルド・トランプがヒラリー・クリントンに勝利した。今度は、街に溢れた荒れ狂う人々によって、アパートの窓ガラスは再び粉々にされた。あのとき、

「What's Happening, America！（どうなってんのよ、アメリカ！）」

と、ひとり呟いた。

２０２０年にはコロナ禍が襲来し、仕事はすべてキャンセルになった。同時に世の中には「キャンセル・カルチャー」の波が押し寄せ、コメディアン仲間たちがその発言によって仕事を失った。そして、その年の大統領選挙でジョー・バイデンがトランプを破ると、その結果に抗議の意を示す暴徒たちが翌年、議事堂に乱入する事件が起こった。あの日、テレビの前で、5年前より大きな声で、

「What's Happening, America！（どうなってんのよ、アメリカ！）」

と、ひとり叫んだ。

そして、アメリカに来てから3度目の大統領選を迎える今年。本書を執筆していた7月にトランプが集会で銃撃され、その後バイデンはレースからの撤退を表明した。

正直なところ、アメリカが今後どうなっていくかはきっと誰にもわからない。

なんでも、世間には「アメリカ出羽守《でわのかみ》」という言葉があるらしい。「アメリカではこうだから」と、さも知った口ぶりで、その価値観を日本に振りかざす人を指すようだ。古くは束の間の渡米の後、日本に帰国し、物知り顔で話す者が「アメしょん」と呼ばれた。私

自身は本書を通して「出羽守」としての資格を有したいわけでも、「アメしょん」になりたいわけでもない。

本書が、日本にいる読者にとって、アメリカのニュースを知る手助けとなることはもちろん、社会の「機運」や人々の「価値観」を映すさまざまな作品に対するこれまでと違った見え方を提供するきっかけたりえたら、私の毎朝のルーティーンは報われる。


本書は4部で構成されている。

第1部ではニュースの「見出し」となる主要トピックを扱いながら、主にバイデン政権誕生以降のアメリカのあゆみを論考する。

第2部では意見の分かれるトピックを扱い、「分断」の可視化が進むアメリカでのさまざまな問題の議論を紹介する。

第3部では、パフォーマーの視座とともに、「エンターテインメント」のシーンで巻き起こった議論を紹介し、アメリカ社会の今を考察したい。

そして最終部では、アジア人という立場からアメリカ国内での「アジア系」をめぐる近年のムーヴメントを紹介する。

映画や音楽、ドラマに文学。私たちの周りに存在するありとあらゆる作品は、きっとそのまま享受しても十分におもしろい。ただ、その背景にあるカルチャーやニュース、それにまつわる議論を知っていると、違った見え方がしてくることもまた事実である。

そして、とりわけコメディアンとしては、本書が読者にとっての、アメリカのポップカルチャーを心から「笑える」ための「補助線」になることができたらという願いも込められている。

それでは、カマラ・ハリスの言うように、Let's Move Forward！

## 第2部
## 「分断」から見るアメリカ

# 第3部　「エンタメ」から見るアメリカ

# 第4部 「アジア」から見るアメリカ

# 第1部

# 「見出し」から見るアメリカ

第1部では、日々のアメリカのニュースの中でもとりわけ話題性の高いもの、言い換えると**連日「見出し」をかざる主要トピック**を扱いながら、アメリカの今を読み解きたい。

バイデン政権が誕生してからの3年半、世界ではふたつの大きな戦争がはじまった。

2022年、**ロシアによるウクライナ侵攻**の際には、政府はウクライナへの支援を決断し、民間レベルでも街には黄色と水色の国旗が溢れた。また、原油価格の高騰に伴う**物価の上昇**も生じ、私たちの日々の生活にたしかな影響を与えた。

**パレスチナ**をめぐっては、アメリカ国内で意見の衝突が起こり、政府はイスラエルを支援する一方で、各地の大学などではパレスチナの旗が掲げられる抗議活動が展開された。

国内の問題に目を移しても、**コロナ禍と大規模なBLM運動**、そして**トランプの敗北と連邦議会議事堂襲撃事件**というまさに激動の日々を経て、現政権は誕生した。

**人工妊娠中絶や同性婚、銃規制や歴史観**をめぐって連日さまざまな議論が巻き起こり、それぞれの主張がSNS上でも、そして「リアル」な日常でも以前より激しく、そして複雑に衝突しあった。いつしかそれは「**文化戦争**」と呼ばれるようになった。

また、2024年11月に行われる大統領選に向け、本章を執筆している今も目まぐるしく情勢が変化している。6月のテレビ討論会を経て、7月には「**トランプの銃撃**」「**バイデンの撤退**」という想像もしえなかった「見出し」が私たちの目の前で現実になっている。

そしてこの3年半、大統領を退いたトランプはむしろその存在感を増し、いつもニュースの中心に居座り続けた。機密文書の持ち出しに口止め料裁判、そして日々のSNSでの投稿までが「見出し」としてニュースを支配した。

人々の熱狂や怒り、困惑や悲しみがSNS上で「可視化」される一方、目には見えない大きな塊としてこの国にどっかりと横たわっている。私自身、そんなある種つかみどころのない「時流」を理解しようと努めてきた。

人々の耳目を集めるニュース。そこから「**アメリカ**」**の実像**を読み解くことができればと思う。

# 01

# バイデンの4年間と「自虐」のリーダー

2021年1月20日、首都ワシントンD.C.のアメリカ合衆国連邦議会議事堂で**ジョー・バイデンの大統領就任式**が行われた。従来であれば、議事堂前の国立公園、ナショナル・モールには数十万人が集うが、前年に世界中を襲った新型コロナウイルスの感染拡大の影響で、公園は閉鎖され、観衆のいない異例の就任式となった。そして、この年の1月6日に起きた「連邦議会議事堂襲撃事件」を受け、新たな暴力行為への懸念から、会場では各州から派遣された約25000人の州兵が警備に当たるという厳戒態勢が敷かれた。

この日、第46代大統領に就任したバイデンは、その21分間の就任演説の中で、しきりに「Unite（団結する）」という語を用いて、アメリカ国民に結束と連帯を呼びかけた。歴史的なパンデミック、そして民主主義の根幹を揺るがしかねない襲撃事件というまさに国家の緊急時での船出に、新たなリーダーはアメリカの「再生」を約束し、「融和」と「多様性」の尊重を強調した。

式典では、レディー・ガガが国歌『The Star-Spangled Banner（星条旗）』を独唱し、プエルト・リコ系の出自を持つジェニファー・ロペスがスペイン語を交えながら、愛国歌『This Land Is Your Land（我が祖国）』と『America The Beautiful（アメリカ・ザ・ビューティフル）』を、まさに「多様に」歌い上げた。

それから約4年の歳月が過ぎた今、アメリカは「再生」を果たしたのだろうか。そしてバイデン政権は国民に「融和」をもたらしたのだろうか。

## 改革をすすめた最高齢大統領

政権のこれまでを手短に振り返ろう。

就任直後には、コロナ禍からの経済復興のために、国内のインフラに対し大規模な投資を行う計画を発表し、その後、超党派で「インフラ投資雇用法」を成立させた。人種的公平性を推し進め、奴隷解放の祝日「ジューンティーンス」を連邦レベルの祝日に制定すると、2022年には連邦最高裁の判事として史上初となる黒人女性、ケタンジ・ブラウン・ジャクソンを指名。同年、同性婚の権利を保障する法案と銃規制強化の法案にもそれぞれ署名している。2024年には、不法移民を国外強制退去から保護する政策を発表するなど移民制度の改革にも取り組んだ。

一方で、2021年8月アフガニスタンからアメリカ軍を撤退させたことで生じた混乱は支持率の低迷を招いた。さらに翌年、ロシアのウクライナ侵攻以後、原油価格の高騰に伴う物価高が国内に広がりを見せると、支持率はさらに急落。7月には37％にまで落ち込んだ。それでもその年の中間選挙では、民主党が上院で多数派を維持し、持ちこたえる形となった。

また、就任当時ですでに78歳で、現在81歳と**大統領の歴代最高齢記録**を更新し続けるバイデンは、その「老化」に伴う健康状態への不安がたびたび議論を呼んできた。自転車から降りようとした際にバランスを崩し転倒した動画がSNSで拡散するとフィジカル面を懸念するコメントが多数寄せられ、ホワイトハウスで行われたコンサートで一点を見つめ固まっている様子がニュースでしきりに流され「Freeze（凍っている）」と称された際には、反対派を中心に、リーダーとしての判断力を問う声が相次いだ。トランプJr.はバイデンが舞台上でぎこちなく右往左往するさまを、自身の集会で、掃除ロボットの「ルンバ」に例え揶揄した。討論会や演説などの際にはパフォーマンス向上薬を服用していることも話題になった。

実際、NBCが2023年に行った調査でも「バイデンが大統領に必要な肉体的・精神的な健康状態を保持しているかどうか」という問いについて、登録有権者の実に68%が「大きな、あるいは中程度の懸念を抱いている」と答えたことがわかった。

## 「自虐」へのシフトチェンジ

しかし、ここで興味深いのは、こうした自身への批判や疑念に対し、**バイデンが見せてきた「自虐」という姿勢**だ。ちなみに「自虐」は英語で「Self-Deprecating」と表現され、歴史的に見ても、コメディの舞台では「Self-Deprecating Humor（自虐ネタ）」というもっとも一般的なジョークとして多くのコメディアンによって話されてきたほか、今日の友人同士の会話でも、日頃から頻繁に用いられている。しかし伝統的に「強さ」が求められてきた大統領が自らを笑いの種にするということになると、過去にロナルド・レーガンが得意としていた事例こそあれど、これまでさほど一般的にはなされてこなかった。バイデン自身、2020年の選挙戦の際は、「自虐ジョーク」よりもむしろ、自身の「健全さ」を正面からアピールする語りが多かったが、就任後、とりわけ支持率の低下が見られた2022年ごろからその態度を「自虐」に変更している点は示唆にとむ。

その顕著な例が毎年4月にホワイトハウス記者団が主催する「Correspondents' Dinner（ホワイトハウス記者晩餐会）」でのスピーチだろう。そもそもこの晩餐会は、1921年に始まった恒例行事で、原則的に大統領と副大統領が参加し、ホワイトハウスでの取材を行うマスコミ各社の記者とディナーを共にする。80年代以降はコメディアンがゲストとして呼ばれ、大統領の前で政権を「イジる」痛烈なジョークで笑わせるのが慣例となっている。ちなみに前任のドナルド・トランプはジョークにされたくないという理由で、パーティーへの参加を見合わせたことでも話題となった。

例年、大統領自身も記者たちを前にスピーチをするのだが、この場では当然のことながら、普段のシリアスな記者会見とは異なり、カジュアルでユーモアを含んだ語りが求められる。パンデミックを経て3年ぶりの開催、大統領が出席するのは実に5年ぶりとなった2022年の晩餐会でバイデンは、

「1924年、晩餐会に初めて大統領（カルヴィン・クーリッジ）が参加したとき、私はまだ上院議員になったばかりだった」

と自身の年齢を「自虐」する軽口を飛ばすと、低調な支持率にも言及した。

「この会場で私に拍手をしてくれた42％のみんな、ありがとう。ちなみにこうして、あなたたち（記者）という、今アメリカ国内で唯一私より支持されていない人たちの前にいる

ことができてとても嬉しいんだ」

翌年以降もこうした「自虐」は継続され、直近の2024年の晩餐会でも、舞台に上がると、

「私がこのスピーチを一年ぶりにするにあたって、妻のジルが心配していたよ。だから答えたんだ。『大丈夫だよ。自転車に乗るようなもんで簡単だよ』すると彼女は言ったんだ。『だから心配なのよ』」

と言い放ち、笑いをさらった。

そしてジョークの矛先をトランプにも向けてみせる。

「2024年の大統領選が本格的になってきている。わかってる。年齢は大きな問題だ。私は大人の男だ！　でも、私の対抗馬は6歳の子どもなんだ」

自身のSNSにアップされたこのジョークの「切り抜き」動画は過去数ヶ月のどの動画よりも多くのエンゲージメントを獲得した。

最近では「自虐」にとどまらず、こうしたトランプに対する「Roast（イジリ）」を取り入れるという変化が見て取れるが、それに関しては第3項で詳述する。

いずれにせよ、晩餐会のみならず、外交の場、資金集めのパーティーなどあらゆる場面でのスピーチで、バイデンは繰り返し「自虐ジョーク」を披露してきた。

当然、こうした一連のジョークはライターによって書かれており、バイデン自身の創作によるものではないだろうが、「自虐化の多用」という流れはバイデン陣営がチームとして作り出した戦略と見ることができよう。反対派からの批判や揶揄をいなし、笑い飛ばすことで、年長者としての懐の深さと親しみやすさを演出する姿勢はスピーチにも現れている。そして、多くの場合「自虐ジョーク」とセットで「Wise（知恵）」という表現が用いられる。2023年の晩餐会でも、恒例の高齢ネタの後、すかさず、

「I say I'm wise.（まぁ、私には知恵があるので）」

と続けた。

「長年の人生経験から得た確かな知恵を持ち合わせ、ウィットに富んだ返答ができる人物」という像を、陣営は積極的に強調し、選挙戦略に用いてきたのだ。

## レッツゴー・ブランドン＝くたばれ、バイデン

実際に、バイデン陣営はこれまで、真正面からの誹謗中傷まがいの批判でさえも、自身のキャンペーンに巧みに利用する姿勢を見せている。

2021年「**レッツゴー・ブランドン**」という言葉がSNSを賑わせた。同年10月、ア

ラバマ州で行われたカーレースNASCARにて優勝を飾ったブランドン・ブラウンがNBCの生中継でインタビューに答えていると、突然会場内に観客の「Fuck Joe Biden（くたばれ、バイデン）」というチャントがこだましたのだ。元々このチャントは、保守層の多い地域のスポーツイベントなどで反バイデン派によって叫ばれていたものであり、この日も中継ではっきりと放送禁止用語の「Fuck」が聞こえるまでに広がった。慌てたレポーターのケリー・スタバストはすかさず、

「会場の皆さんが『Let's Go Brandon（がんばれ、ブランドン）』と声援を送っていますね」

とフォローを入れた。その映像が拡散すると、「レッツゴー・ブランドン」は**「ファック・ジョー・バイデン」を婉曲的に表す隠語**として用いられるようになった。バイデンに反対する有権者のみならず、共和党の議員までもが、看板を作ってSNSに投稿したり、大きく文言のあしらわれたドレスを着たり、と合言葉として積極的にこの語を使用した。

このような状況の中で、バイデン陣営はむしろこの「ブランドン」を逆手に取り、あえて言及していく方針を取った。2022年の晩餐会では、

「ブランドン・ブラウンという選手が最近、共和党の間で絶好調らしいね。いいことだね」

ととぼけてみせた。

その後、同年にはインターネット上で「ダーク・ブランドン」というミームが流行した。

バイデンの顔写真の目元から真っ赤なビームが出ているかのように加工されたもので、アルカイダの指導者アイマン・ザワヒリをドローン攻撃で爆殺したニュースが報じられた頃からネット上で広まった。当初は「普段は温厚な」バイデンが強硬策に転じることをも厭わない姿勢を揶揄するミームだったが、むしろバイデン陣営はこの「ダーク・ブランドン」を「悪と戦う正義のヒーロー」としてブランド化し、グッズとして販売するなど、2024年の大統領選の中心的なイメージに据えてキャンペーンを展開した。

自身の「弱み」を積極的に曝け出し、ユーモアで切り抜ける「自虐」のリーダー、バイデン。こうした像の誕生の背景には、トランプという、「他者」への攻撃性を全面に押し出す「強い」リーダー像との相対化という陣営の明確な戦略が見て取れる。

「他者」ではなく自らをジョークにする「New（新しい）」で「Old（年老いた）」なリーダーは、2020年代のアメリカという、他者と他者が暮らす「多様」な社会に「融和」をもたらすことができたのだろうか。

# 02

## トランプに「疲れた」人、トランプに「癒しを求める」人

今、アメリカには「Trump-Fatigue（トランプ疲れ）」という言葉がある。文字通り、トランプの話題に疲れてしまうことを表す。それもそのはず、アメリカではこの10年弱、連日トランプに関する報道がメディアのトップニュースを飾り、その顔を見ない日はなかった。2021年に大統領を退任してからも、その一挙手一投足が常に報じられ、紙面にも、テレビ画面にも、パソコンにも常に彼の姿が映し出された。

ニュースを消して、エンターテインメントに目を移そうとしても状況はさほど変わらない。毎晩その日に起こったニュースをジョークにして伝える長寿番組『ザ・トゥナイト・ショー（NBC）』では司会のジミー・ファロンが、『ザ・レイトショー（CBS）』ではスティーヴン・コルベアが、トランプのSNSを引用してはジョークにしてきた。テレビの中にとどまらず、舞台でもほとんどすべてのコメディアンがトランプにまつわるジョークを話すし、おそらく誰しもがその喋り方や独特な手の動きを真似することができる。

アメリカで生活している限り、どこへ行ってもトランプの話題は、もはや「生活の一部」として私たちについてまわる。そんな、トランプから逃げられない日々を送る私たちは、この数年間、にわかには信じがたい多くのできごとを目撃してきた。

## 37件の罪状で起訴、法廷では放屁？

2022年には、核兵器などの情報が掲載された機密文書を持ち出したとして、FBIがフロリダ州にある別荘「マー・ア・ラゴ」に家宅捜索に入り、11組の書類などを押収したほか、翌年にはフロリダ州連邦地裁の大陪審によってスパイ防止法違反や司法妨害など**計37件の罪状によって起訴**された。

同年には、前回の大統領選でのジョージア州での敗北の結果を覆そうと選挙干渉した罪で州の大陪審から起訴され、出廷を余儀なくされた。その際、カメラに向かって信じられないほどの睨みを効かせた「マグショット（逮捕後の写真）」も大きな話題となった。

他にも、2024年の2月には、過去に自らの資産を過大申告し不当に利益を得ていたとして、ニューヨーク州の地方裁判所から4億5000万ドル（約700億円）の賠償金の支払いを命じられた。

そして同年、過去に不倫関係にあったポルノ女優、ストーミー・ダニエルズに支払った口止め料のために、業務記録を不正に改ざんしたことなどから、ニューヨーク州マンハッタンの大陪審によって34件の罪で起訴された。

4月に始まったこの「**Hush Money Trial（口止め料裁判）**」は、連日臨時ニュースとして各局で報道され、法廷での様子が事細かく伝えられた。CNNなどの主要メディアが、法廷で居眠りをしていたこと、そして放屁したことなどを真面目なトーンでイラストとともに1ヶ月以上にわたって報じた。そして5月30日、12人の陪審員たちは全会一致で有罪評決を下し、トランプは**アメリカの歴史上初めて刑事事件で有罪評決を受けた大統領経験者**となった。

どれほど過激な言説を振り撒こうが、また逮捕されようが、そして有罪になろうが、もはやさほど驚かなくなるほどに、アメリカはこの〝トランプ〟という「事象」に慣れてしまった。

## 「トランプ印」の聖書

そして当の本人もまるでどこ吹く風。毎日欠かすことなく自身のソーシャルメディア

「トゥルース・ソーシャル」でも歯に衣着せぬ発言を繰り返し、これまでのスタンスを決して崩さない。

選挙資金や賠償金の捻出のねらいで次々にグッズを販売し、それらが大きな商業的成功を収めている。ジョージア州での起訴の直後には、先述のマグショットをあしらったTシャツを販売し、初日だけで418万ドル（約6億1200万円）を売り上げた。「Never Surrender High-Top（不屈のハイトップ）」と名付けられた自身プロデュースの黄金のスニーカーも大ヒットを記録し、さらには、カントリー歌手のリー・グリーンウッドとともに『God Bless The U.S.A』と題した聖書まで発売してみせた。

この数年間で、支持者たちからの求心力は薄れるどころか、以前よりも増した印象さえある。有罪評決が下された日も、全国各地で多くの支持者が抗議デモを起こし、トランプの無罪を訴えた。

共和党内部でもその影響力はいまだに健在で、大統領選の指名候補争いでも、文字通り他を圧倒した。当初、フロリダ州知事のロン・ディサンティスや、元国連大使のニッキー・ヘイリーがライバルになると目されていたが、蓋を開けてみれば「スーパー・チューズデー」でも圧勝し、3月の時点で唯一の候補者となり指名を確実にした。

敗北を喫した2020年の選挙で当選した共和党議員の中にも、トランプへの支持を声高に表明する者がいる。中でも二人の女性議員、ジョージア州選出のマージョリー・テイラー・グリーンと、コロラド州選出のローレン・ボーバートはその信奉ぶりと、お騒がせぶりがしばしば報じられてきた。

元々、陰謀論を拡散するQアノン系のブロガーとして活動していたマージョリー・テイラー・グリーンは、2020年トランプへの熱烈な支持を自ら訴え、選挙戦では「Save America, Stop Socialism（アメリカを救え、社会主義を止めろ!）」をスローガンに戦った。そして自身のキャンペーン・ビデオでは、選挙区の「ジョージア州西部には近づくな」と呼びかけ「Socialism」と書かれた車をライフルで撃ち抜くド派手な演出を見せた。当選後も共和党きっての「ヤジ将軍」として名を馳せ、大統領が毎年、現在の国家の状況を議員の前で話す「一般教書演説」の際には、「MAGA（Make America Great Again）」と書かれた帽子を被り、大声で叫んでバイデンの演説を遮り、ひんしゅくを買った。

同じくQアノン支持を表明しているローレン・ボーバートも、銃の携行を許可するレストランを経営して注目を浴び、銃規制反対派の支持を一挙に集め当選。その後は、コロナ禍でのマスク着用に反対し議場のスタッフにマスクを投げつけたことで話題を集めると、トランプの別荘に「レッツゴー・ブランドン」と書かれた真っ赤なドレスで登場し、反バイデン派の支持を集めた。

驚くべきことに、こうした急進右派の議員をはじめ、トランプ支持者の多くが、今なお2020年の大統領選で実際はトランプが勝利していたと訴え、選挙が「盗まれていた」と主張する。ボーバートは議場でのマスク騒動の後、「Stop The Steal（盗むのをやめろ）」と書かれたマスクでメディアの前に登場してみせた。

## トランプに「救い」を求める人々

これらの過激な意見の背景にSNSをはじめとするネット上での言論空間が起因していることは言うまでもないが、ここで重要なのは、たしかに今この国にはトランプに「救い」を求め、熱狂的に支持し（なければならない）人々が一定数存在しているという事実だ。そして、彼らのペルソナは「地域」や「人種」といった平易な枠組みで定義づけられるほど単純ではない。

ご存じのように、これまでも国内外の多くのメディアで、トランプの支持基盤は「地方に住む白人至上主義の白人」という分析がなされてきた。実際、トランプはこれまでの選挙戦でも「バイブル・ベルト」と呼ばれる南部のキリスト教原理主義の人々が多く住む地域や、「ラスト・ベルト」と呼ばれる中西部の工業地帯で多くの白人層の支持を集め勝利してきた一方で、リベラル層が多く、人種的にも非白人層の割合が高い都市部では苦戦を強いられてきた。伝統的に選挙戦で共和党が勝利を収めてきた南部や中西部の「Red State（赤い州）」と、民主党の勢力が強い「Blue State（青い州）」の分布図を頭に浮かべる人も多いだろう。

たしかにニューヨークやロサンゼルス、そして私の住むシカゴなどの都市に住む人々が日々の生活の中で、大々的にトランプ支持を表明している有権者の姿を直接目にすることはそれほど多くないだろう。しかし、ひとたび周縁部や郊外に足を伸ばすと、家々の庭先には「Trump 2024」と書かれた看板が掲げられ、行き交う自動車にはトランプのステッカーが貼られているのを絶えず目にする。「青い」イリノイ州でも、シカゴ郊外の劇場でショーを行う際、客席に真っ赤な「MAGA帽」を見つけることはさほどむずかしくない。また当然ながら、トランプをジョークにした際には、都市の観客の反応とは大きく異なる。そして私自身、「彼ら」が一概に「白人」とは限らないこともこの目で実際に見てきた。

ここで、興味深い話がある。2021年1月6日、選挙結果を覆そうと、連邦議会議事堂に暴徒が押し寄せる襲撃事件が起こった。この暴動の参加者の中に、シカゴで20年以上続くベトナム料理屋「タンク・ヌードル」を営むリー夫妻がいた。ベトナム戦争直後にシカゴへ移民として渡ってきた夫妻は、トランプの「強い」リーダーシップと、アメリカを優先する経済対策に心を寄せ、2016年の選挙で彼に票を投じたという。2020年も再びトランプに投票したが、その結果に納得のいかない夫妻は意を決してワシントンD.C.まで飛び、この暴動に参加した。そして、その様子をSNSに投稿したところ、それが拡散し、炎上。レストランの口コミサイト「yelp」で批判が相次いだほか、従業員への殺害予告まで届き、店は休業に追い込まれた。

シカゴという「都市」に住む「アジア系移民」という、一般化されたペルソナとはおよそ異なる夫妻もたしかにトランプを支持し、そして「トランプ」という現象の波にさらわれた。事件後、リー夫妻は店のSNSに声明を寄せた。

「私たちは、アメリカで起こっていることに深い衝撃と悲しみ、不快感を感じずにいられません。今この国には〝癒し〟が必要です」

複雑で疲れ切ったアメリカ、その中心にはこの4年間、いつもトランプがいた。

# 03 大統領選2024、これまでとこれから

おそらく本書の読者の多くが今年の大統領選のゆくえに関心を抱いていることだろう。今年に入ってから、日本のメディアや友人から「〝どちら〟が勝つと思うか」という質問を幾度となく受けた。

そして、本項の執筆を開始した2024年7月1日の時点では、この「どちら」かは当然のごとく「バイデン」と「トランプ」を意味していたが、ご存じのように7月21日、バイデン大統領はレースからの撤退を表明し、カマラ・ハリス副大統領への支持を表明した。6月27日に行われたテレビ討論会でのバイデンの低調なパフォーマンス、そして7月13日に起こったトランプ銃撃事件と共和党への追い風が、バイデンおろしのたしかな気運を呼び込んだ。このあまりにも目まぐるしいひと月に多くのアメリカ人、そして私もが翻弄されている。

8月3日現在、アメリカの主要各紙は、ハリスが数ポイント差でリードしているとの

データを出しているが、前回同様、実際に集計が行われるまで、どちらが勝つのかさっぱりわからないというのが本音だ。

11月5日の投票日に向け、ハリス、トランプの両候補者は各地を周り、有権者に演説を行う忙しい日々を送っており、メディアもその様子を伝えつつ、専門家たちがそれぞれの予想をあれこれ口にしている。当然、人々の関心も日増しに高まりを見せ、カフェや道ゆく人々の会話からも「どちらが勝つのか」という話題が漏れ聞こえてくるが、まずバイデンとトランプの4年間の「戦い」を振り返りたい。

## 見るに堪えないディベート合戦

4年前も季節が夏から秋へと移り変わる中で、時事ネタを取り込んだコントで知られる人気コメディ番組『サタデー・ナイト・ライブ（NBC）』では、それまでトランプを演じてきた俳優のアレック・ボールドウィンに加え、バイデン役にジム・キャリーを迎え話題をさらった。ジム・キャリーが顔や身体をいっぱいに使って、得意のエキセントリックなキャラクターで「真面目」なイメージのバイデンを演じてみせたコントは、コメディファンのみならず多くの人々を笑わせた。

とりわけもっとも印象的だったのが、ふたりがバイデンとトランプのテレビ討論会の様子をネタにした10月4日放送のコントだ。

そもそもテレビ討論の歴史は１９６０年のニクソンとケネディにまで遡る。このときケネディがテレビという新興メディアを巧みに使い、白黒の画面の中で映えるように濃紺のスーツを身にまとい、顔にもメイクアップを施したことで、有権者に若々しく力強い印象を与え、後の選挙戦に勝利したことは今も語り草となっている。その後テレビ討論は一度途絶えるものの、70年代に再び復活し、現在に至るまで大統領選の結果に大きな影響を与える重要なイベントとして慣例化してきた。通常、モデレーターと呼ばれる司会者が政策にまつわる質問を両候補者に投げかけ、互いがそれに答えながら議論が進行していく。

しかし、２０２０年9月29日に両候補者が初めてあいまみえた討論会では、冒頭から両者が相手の話している最中にことごとくカットインし続け、収拾がつかなくなる始末。呆れた当時77歳のバイデンが、当時74歳のトランプに対し、

「Will you shut up, man?（黙ってくれるか）」

と吐き捨てる事態に。メディアもこぞって「過去最悪のディベート」とこき下ろした。そしてこの数日後、トランプは新型コロナウイルスに感染し、2回目のディベートの中止が発表された。

そのタイミングで生放送された先述の『サタデー・ナイト・ライブ』でも、コントの冒頭で皮肉たっぷりに以下のナレーションが挿入された。

「これからお見せするのは今週火曜日に行われた討論会の再放送です。火曜日というのがもはや100年前のことのように感じられますが、私たちはこのディベートが大変重要だと確信しているため、再度流すことにしました。というのも、(トランプがコロナに感染したため) これが最後のディベートかもしれないからです。そしてこの模様はとても楽しいものでしょう。あなたがアメリカに住んでいない限り」

アメリカ人にとって、まさに見るに耐えない言い争いだったことを皮肉る冒頭の後、本編ではアレック・ボールドウィンとジム・キャリーが息ぴったりに、二人の嚙み合わない幼稚な応酬を再現した。そしてコントの最後には、横入りをやめないトランプに痺れを切らしたバイデンがおもむろにリモコンを取り出し「一時停止ボタン」で強制的に口封じをするという大胆なオチで笑いをさらった。

しかし、この日一番の盛り上がりを見せたのは、コメディアンのマーヤ・ルドルフ扮するカマラ・ハリスが、言い争いをやめないバイデンとトランプを諫めるシーンだった。カマラ・ハリスが登場するだけで、ニューヨークの観客は拍手と歓声で応えた。そして「白人男性」ふたりを、マイノリティの女性が屈服させるという構図を意識的に描き、番組のプログレッシブなスタンスを改めて強調したことは示唆にとむ。

ちなみにこうした体たらくを受け、選挙の直前に行われた2回目の実際の討論会の際には、互いが話していないときにはマイクが切られるという新ルールが設けられた。

## 不毛な争い、ふたたび

あれから4年。

再び顔を合わせることになった両者の討論会にも大きな注目が集まった。第一回目の討論会は例年よりもはるかに早い6月に、激戦州のジョージア州で行われた。再戦にあたり、両者はディベートが始まる前から、自身のSNSや集会で互いに煽り合う「前哨戦」を見せる。

バイデンは5月、自身のSNSに一本の動画を投稿。

カメラを見つめながら、いつにない挑発的な語り口でトランプに対し討論会への参加を呼びかけた。

「ドナルド・トランプは2020年、私にディベートで2回も負けた。そしてそれ以来、ディベートに出てこなくなったんだ。でも今、私ともう一度ディベートしたい素振りを見せてるんだ。楽しませてくれよな！　あと2回やってやろうじゃないか！　好きな日程を選んでくれよな。そうそう、水曜日が空いてるんだっけ」

このとき、口止め料裁判の真っ只中だったトランプ。水曜が裁判の休廷日に当たることを受けてのこの煽りネタは瞬く間に拡散した。

この後、バイデンは公務を一週間休み、大統領専用の山荘に篭って、まさに万全の準備をして決戦に臨んだ。

一方のトランプも引かない。ディベートの数日前に行われたペンシルベニア州フィラデルフィアでの集会では、支持者にいつもの語り口で言い放つ。

「〝曲がったジョー〟がディベートの『勉強』をするためにログハウスに行ったと報道されているが、奴はそんなことはしていない。〝おねむのジョー〟は今眠っちまってるんだ。なぜなら、バイデン陣営は奴に健康でいてもらわなきゃ困るからな。だから、討論会の少し前にケツに注射を打って、奴を強くするに違いない。奴はクスリでブチ上がった状態でやってくるさ」

前回の選挙戦でもバイデンを「Sleepy Joe（おねむのジョー）」と命名し、散々罵倒してきたトランプ。近年では「Crooked Joe（曲がったジョー）」というあだ名を気に入って使っている。「Crooked」は「Straight」の対義語で「曲がっている」ことを表す語だが、スラングとして用いられる際には、「不正を働いている」という意味を持つ。「選挙を盗み」「検察を動かし」自身に不利益を被らせるバイデン、という意味合いで、支持者を前に連呼してきた。そして、激戦州に詰めかけた満員の観衆に向かって、

「『Sleepy Joe』と『Crooked Joe』のどちらがいいか」

と尋ねるパフォーマンスも披露し、会場を沸かせた。

このように事前に両者が激しくやり合う中で迎えたディベート当日。街のスポーツバーでは試合中継の代わりにディベートが流され、多くの人が固唾を呑んで見守った。CNNで放送された放送は実に5130万人が視聴したという。約90分間の討論会では、経済対策や移民問題、気候変動に人工妊娠中絶、外交問題などさまざまなトピックで議論が展開された。しかし今年もアメリカ国民が見せつけられたのは、4年分歳を重ねた両者が繰り広げる不毛な争いだった。

自身の健康状態に質問が及んだ際には、どちらがゴルフでボールを遠くに飛ばせるかを言及し合う始末。それに加えバイデンは当日ひいていた風邪の影響もあってか、発言に覇気がなく、しどろもどろになる場面も。そして、自身の功績をアピールする場面においては具体的なデータの数値を大きく誤る痛恨のオウンゴールで、より一層の健康状態の不安

を露呈し、その老化をアメリカ中に印象付ける形となった。

放送後、CNNの解説委員も、

「いいところがひとつもなかった」

と切り捨てた。

ニューヨーク・タイムズ紙もバイデンに撤退要請を行うなど、**この討論会の決定的な「敗北」が党内のバイデンおろしを急速に拡大させるきっかけ**となった。

討論会の日程が発表された5月、例年よりも大幅に早い時期の開催となった理由や陣営の目論見を多くのメディアが分析していた。その多くが、たとえ低調なパフォーマンスに終わったとしても、投票日までに時間があるため「傷口」を最小限に抑えることができると考えているから、というものだったが、もはや出血は止まらず致命傷となったことは明白だ。

## 攻めるバイデン、多様性の象徴ハリス

しかし、ここで改めて、近年のバイデンの語りの変化に注目したい。

2020年の選挙戦の際には、バイデンは努めて紳士的に振る舞い、穏やかさを保った

上で、自身の「健全さ」と「真っ当さ」をアピールする姿が印象的だった。それが、第1項でも述べたように、大統領就任後の2022年ごろから「自虐」のジョークを挟み込む戦略へと変化が見られた。そして2024年に入ると、その語りにトランプへの揶揄と攻撃性が付随したことは強調に値する。例を見てみよう。

まずは今年1月、バイデン陣営が販売したTシャツには「TOGETHER, WE WILL DEFEAT TRUMP AGAIN（もう一度、トランプを一緒に倒そう）」と書かれていた。そしてこの「AGAIN」の部分が赤く目立つようにデザインされているのは、当然トランプの掲げるスローガン「Make America Great Again」を皮肉っている。

他にも3月に行われた、国の状況を議員の前で話す一般教書演説の際にも、本来であれば政治的な攻撃要素の強い発言は差し控えるものの、「『私の前任者』が民主主義をないがしろにしている」と強い口調で批判した。

4月のホワイトハウス記者晩餐会でトランプいじりのジョークを披露したことは第1項でも紹介したが、同月に皆既日食が観測された際には、トランプが在任中に日食をみようとホワイトハウスで遮光グラスを使わずに直接太陽を眺めた様子を揶揄するビデオを投稿し、話題となった。

ディベートの際にも、トランプの過去の発言を引用する形ではあるものの、トランプを「loser（負け犬）」「sucker（クソ野郎）」と呼び、その攻撃性を強調した。

このような、トランプに対するバイデンの態度の意外な移り変わりは多くのマスコミにも取り上げられ、陣営の戦略の変化として報じられた。その背後には、ポイントでリードを許していることへの焦りが見られるとの見立てもあるが、いずれにせよ、引いて守る2020年型のバイデンから、「攻め」に転じる姿勢を見せていたことは興味深い。他方への全面的な攻撃姿勢を崩さない「いつものトランプ」を迎え撃ち、現職の大統領として迎える「防衛戦」に際し、2024年のバイデン陣営は果敢に攻め込むアグレッシブな戦い方を選んだ。その姿勢自体が、功を奏したのかは分かりかねるが、少なくともバイデンの大統領選は幕を閉じた。

代わって民主党を背負い戦う**カマラ・ハリス**。ジャマイカ系の父とインド出身の母との間にカリフォルニア州オークランドで生まれた。**女性として、また黒人としても（アジア人としても）初の副大統領であり、バイデン政権の重視する「多様性」の象徴**とみなされてきた。サンフランシスコ地方検事出身で、カリフォルニア州の司法長官を経て2017年に上院議員になっている。前回の大統領選の際には予備選でバイデンの過去の政策を厳しく追及し、その物怖じしない切れ味鋭い物言いに人気が集まった。副大統領就任後は、女性として人工妊娠中絶の権利を守る発言を繰り返した。移民政策を任されているものの、国境での不法移民流入問題において、現地に出向かないことや目立った功績を挙げられていないことへの批判も寄せられている。

いずれにせよ、バイデンよりも「若い」「マイノリティ」のリーダーは、今から激動の日々を送るに違いない。時々刻々と情勢が移ろう選挙戦。9月にはハリスとトランプの討論会が行われる。

## キャンペーン・ソングで見る大統領選

舌戦やパフォーマンスに何かと注目の集まる大統領選だが、互いが集会の際にどのような楽曲を用いるかによって、あらためて両陣営の選挙戦の戦略及び、支持者として見込むマーケットを考察することができるのではないか。

選挙戦の際、候補者が舞台に上がる際、出囃子《でばやし》のように用いられる楽曲は「**Campaign Songs（キャンペーン・ソング）**」と呼ばれ、古くは18世紀に第2代大統領のジョン・アダムスがトマス・ペインの書いた『Adams & Liberty』という楽曲を用いたのが最初と言われている。

ちなみにポピュラーソングを初めて使用したのはフランクリン・ルーズベルトで、大恐慌時代、あえて陽気な『Happy Days Are Here Again』を採用した。

なかでも多くの人にインパクトを与えたのは、先述のジョン・F・ケネディであろう。当時の大スター、フランク・シナトラのヒット曲『High Hopes』を「ジャック（ケネディの愛称）に投票しよう」と歌詞を替えてリリースし、有権者たちにポップな印象を植え付けることに成功した。

近年でいえば、黒人として初の大統領になったバラク・オバマは、アレサ・フランクリンやスティーヴィー・ワンダー、ウィル・アイ・アムなど黒人ミュージシャンの楽曲を意識的に使用したことでも知られる。

ヒラリー・クリントンも、ケイティ・ペリーの『Roar』（2013年）やレイチェル・プラッテンの『Fight Song』（2015年）など、比較的新しい女性ミュージシャンの楽曲を積極的に使用し、とりわけ若い世代の有権者に届くようにキャンペーンを展開した。

## トランプがヘビロテする曲

少し前置きが長くなった。このように歴代の大統領候補が多くのキャンペーン・ソングを戦略的に用いる中、政治的信条が合わないとの理由でアーティストからの楽曲使用停止通告が出ることも珍しくない。

トランプの場合、2016年の選挙戦から多くのアーティストが使用禁止の声明を出した。ファレル・ウィリアムス、エアロスミス、R.E.M.、アデル、ガンズ&ローゼズ、エルトン・ジョン、クイーン、プリンス、リアーナ、ニール・ヤング、シニード・オコナー、ローリング・ストーンズ、ブルース・スプリングスティーンとまさに枚挙にいとまがない。

そうした中で、今、トランプがヘビーローテーションしているのが、聖書も共同プロデュースしたカントリー歌手、リー・グリーンウッドの『God Bless The USA』だ。この曲のリリース自体は1984年だが、湾岸戦争や9.11など、アメリカ国民がペイトリオティックに、つまり愛国精神が喚起されるタイミングでチャート入りし、リバイバル・ヒットすることでも知られている。

今年7月19日の共和党全国大会には、リー・グリーンウッドが駆けつけ、銃撃を経て、耳に包帯を巻いたトランプが「ヒーロー」として登場する際に、この歌で会場を盛り上げた。他にも共和党の支持を表明しているキッド・ロックの『Born Free』もトランプのお気に入りの楽曲として知られている。

## ハリスは「政治的」なビヨンセで勝負

では、一方のバイデンやハリスはどのようなキャンペーン・ソングを用いてきたのだろう。

まず、バイデンは2020年、かつてオバマが大統領時代にも使用した楽曲、ブルース・スプリングスティーンの歌う『We Take Care of Our Own』を積極的に流した。オバマ政権時代の副大統領としての功績を強調し、同じ流れを汲むことを有権者にアピールするねらいが見て取れる。ほかにも黒人シンガー、ジャッキー・ウィルソンの『Higher And Higher』（1967年）や、黒人グループ、ステイプル・シンガーズの『We The People』（1972年）、イギリスのバンド、コールドプレイの『A Sky Full of Stars』（2014年）、そしてプエルト・リコ系のルイス・フォンシの『Despacito』（2017年）など、さまざまなジェンダー、年代、人種の歌い手による「多様な」楽曲群を用いてきたことは印象深い。

一方のハリスは、バイデンの撤退後いち早くビヨンセの『Freedom』（2016年）を自身のキャンペーン・ソングに据えると発表した。サイケデリックなシンセと推進力のあるドラムが印象的なこの曲は、ラッパーのケンドリック・ラマーをフィーチャーしている。

この『Freedom』が収録されているアルバム『Lemonade』は、ビヨンセの個人的な葛藤にとどまらず、黒人としての社会的不平等を訴える内容で評論家からも大きな評価を得た。ビヨンセの研究で知られる学者のオミセイク・ティンズリーはこのアルバムを「黒人フェミニズムのリミックス」と評した。

ビヨンセ自身も本作を通した政治的な発信に意図的で、2018年のコーチェラ・フェスティバルの際には『Freedom』の直後に、「黒人の国歌」とも呼ばれる『Lift Every Voice and Sing』を歌い上げた。のちに『Freedom』は2020年のBLMの際にも積極的に歌われ「黒人」をユナイトする楽曲として用いられてきた。『ローリング・ストーン』誌は「ビヨンセのキャリアの中でもっとも印象的な政治的発信」と述べた。

こうしたきわめて「政治的」で「女性的で」「黒い」曲をカマラ・ハリスが今回のキャンペーンに用いたことは興味深い。「女性」として、また「黒人」としてのアイデンティティを表明する姿勢を体現する『Freedom』はハリスの選挙戦略をクリアに表している。

そしてそれは、見方を変えれば、バイデンの弱点とされていた「黒人層」「女性」「若者」の票を獲得するねらいがあるようにも見て取れる。

トランプは7月、イベントに出席した際、

「カマラ・ハリスはインド人だと思っていたが、いつの間にか黒人になった」

と、毎度の語り口でそのアイデンティティの政治利用を批判した。

いずれにせよ曲の主題で見ると、トランプが「愛国」や「アメリカの自由」などの曲を選択しているのに対し、バイデンは「愛」や「希望」「団結」のメッセージが込められた曲で対抗した。そしてカマラ・ハリスは、自身のエスニシティやジェンダーを存分に活かし、歌い手のストーリーを自身と重ねる演出で、有権者に訴えかけている。

さて来年の1月、ホワイトハウスにいるのは誰だろうか。

# 04

# 実感なき好景気、実感しかない物価高

「アメリカ経済を今、世界は羨望のまなざしで見つめている」

2024年3月、バイデンが一般教書演説で声高に語った言葉だ。

その具体的な根拠として、バイデンは「50年ぶりの失業率の低さ」「3年間での1500万件の新たな雇用の創出」「製造業の堅調さ」そして「GDPの上昇」を挙げた。

2020年第2四半期のアメリカのGDPは、新型コロナウイルスのパンデミックの影響で、前期比年率－32・9％と大きな打撃を受けた。政府はFRB（連邦準備制度理事会）とともに、実質ゼロ金利政策を行ったり、大規模な予算を投入したりと経済政策に乗り出し、その結果、数値で見ると、2024年には成長率が＋2・5％に転じるなど一定の回復を見せていると言える。

製造業でもこの3年間で80万人の新規雇用が生まれ、国全体での失業率も継続して4％を下回り続けている。

こうしたデータにもかかわらず、今年5月に市場調査会社ザ・ハリス・ポールが発表した世論調査によると「56％のアメリカ人が景気後退を感じている」と答えたという。バイデンの支持率の低さの原因に、こうした景況感の低さを指摘する専門家も多い。

私自身は経済の専門家ではないため、マクロの数値から細かく動向を読み解くことはできないが、少なくとも今、この「好景気」を実感することができぬままアメリカで暮らしているひとりである。言い換えると、どれだけ景気の指数が好調でも、私（たち）の生活は苦しい。

## ニューヨークの家賃は平均80万円

その大きな要因のひとつが**物価高**である。２０２０年からのコロナ禍、供給網の混乱とボトルネック化で一気に物価が高騰した。ミルクや卵、コーヒーにウーバー、身の回りのすべての物やサービスの値段が上がった。そして２０２２年、ウクライナ侵攻による原油価格の高騰でさらに物価は上昇。バイデン政権は同年8月、1年半を費やし、悲願であった「インフレ削減法」を成立させたが、あれから2年、今も物の値段は上がり続けている。

レストランで食事をしようものなら、チップを入れて最低でも50ドルはいとも簡単に飛んでいくし、自炊をするためにスーパーに行っても、日に日に更新されていく値札を見ては悲鳴をあげる日々を送っている。

家賃の上昇も甚だしい。ニューヨークのマンハッタンでは2023年、賃貸物件の平均が過去最高となる月5558ドル（約80万円）に達した。サンフランシスコやロサンゼルス、そしてシカゴでも家賃は上がり続けている。たった数歩で一周できてしまうこのシカゴのワンルーム・アパートの家賃も、いつの間にか2000ドル（約30万円）を超えた。

そもそもコロナ禍以前から**「都市の高級化」を表す「Gentrification（ジェントリフィケーション）」**という語が頻繁に用いられるようになった。元々この言葉は、所得の高くない人々が住んでいるエリアを再開発し、富裕層を呼び込むことで不動産価格が釣り上がる現象を指す。2010年代以降、大都市でジェントリフィケーションが相次いで起こり、その結果、家を失った人々はホームレスとなった。シカゴでも、ダウンタウンに程近いサウスループやウエストループというエリアで再開発が進んだ結果、街にホームレスが急増し治安が悪化した。明日が我が身、という不安の中、街を歩く日々である。

## 街は「テナント募集」だらけ

では、物価や家賃が上がる中、賃金はどうか。2022年8月、全米で最大規模のコメディクラブ「ラフ・ファクトリー」からコメディアンに向けた一斉メールが届いた。

「ラフ・ファクトリーでは近年の物価上昇を踏まえ、これまでのギャラから以下のような変更を行うこととしました。

平日：40ドル↓50ドル

週末：70ドル↓80ドル」

ギャラが上がるに越したことはないが、毎日出演してもせいぜいひと月で2000ドルの稼ぎ。家賃を払えば何も残らない。それでもたしかに数値で見ると「賃金は上昇している」と言える。40ドルから50ドルに上がったのなら「20％の上昇」だ。

アメリカでは、連邦政府が定めた最低賃金7・25ドル（1066円）に加え、各州や都市が独自に定めた最低賃金が存在しているが、2024年1月には、50州のうち22州で最低時給が引き上げられた。もっとも高いワシントン州が16・28ドル（2393円）で、ニューヨーク州やカリフォルニア州が16・00ドル（2532円）と続き、イリノイ州は14・00ドル（2058円）となっている。

私に限っていえば、家賃と物価の目まぐるしい早さでの上昇に、賃金の上昇は完全に取り残されている。それでも、クラブ側からすれば確実に出費が増えていることになる。

家賃に加え、「人」と「物」の値段までが高騰しているのだから、当然店を経営する側も苦しい。実際、コロナ禍以降、シカゴでも多くのレストランが休業に追い込まれた。私の家の徒歩圏内でもここ数年でイタリアン、ラーメン、フォー、ポキ、タコス、中華にタピオカ、アイスクリームの店が閉店した。そして恐ろしいことに、数年が過ぎてもそれらの店舗の跡地には「For Lease（テナント募集）」の看板が掲げられたまま、次のテナントが入らず、空き家になっている。

生き残ったレストランも営業時間の変更を余儀なくされた。スタッフを深夜まで拘束する余裕がなくなった多くの店が、ラストオーダーの時間を大幅に早めた。その結果、現在夜の9時半を過ぎて食事のできるレストランを探すことは至難の業だ。平日の夜、10時を過ぎたシカゴの街は驚くほどに静かだ。それでも何かを食べたいとき、日本のようになんでも揃うコンビニがあればと郷愁にふける。

## 人気コンビニが突如、全店閉店

実は、数年前ついにシカゴにも便利なコンビニが登場した。**「フォックストロット」**と名付けられたその店は、さながら元の言葉が指し示すダンスのスタイルのように軽やかに、そしてスピーディーに店舗の数を増やしていった。元々酒類の宅配専用アプリとして始まったフォックストロットは、コロナ禍でサービスを拡大させ、4年間のうちにシカゴだけで15店舗をオープンし、ウエストループに荘厳な本社ビルまで構えた。まさにジェントリフィケーションの進む高級エリアの一等地に軒並み出店を続け、富裕層を取り込んだ店舗経営を行った。おしゃれな惣菜やワインを取り揃え、カフェも併設した店舗では連日ビジネスパーソンたちがパソコンを広げたり、ワイングラスを傾けたりしていた。

そんな誰もが絶好調と信じてやまなかった2024年4月23日。シカゴの15店舗を含む全33店舗が経営不振により突然の無期限休業となることが発表された。顧客はもちろんのこと、従業員さえも寝耳に水で、多くのスタッフが当日の朝、いつも通り出勤した際に閉店の事実を告げられたという。本社は声明をリリースし、連邦倒産法の第7章、いわゆる「チャプター7」を適用すると発表した。

即日シカゴのローカル・ニュースで大々的に報じられ、改めて多くの人々がこの「好景気」に疑問を感じることとなった。

便利なコンビニ、フォックストロットなき後、公演後に空腹を満たすにはもはやファースト・フードしか選択肢がないが、今や人手不足で「ファースト」でもなければ、もはや安価でもない。インフレとともにハンバーガーの価格も高騰。我が家の近所のマクドナルドではビッグマック単体の価格が7・92ドル（1272円）まで上がった。

消費者は遠のき、批判も寄せられたことから、価格の変更を余儀なくされたマクドナルド社は2024年6月、**「5ドルメニュー」**の導入を発表した。マックダブルもしくはチキンサンドにポテト、ナゲット、ドリンクがついて5ドルというメニューは大幅な値下げを意味した。ウェンディーズやバーガーキングなど、他のファースト・フード・チェーンも同様のキャンペーンを行い顧客の呼び戻しをねらった。この価格変更が突破口になるかは今の時点では誰にもわからない。

先日行われたテレビ討論会の中でトランプは、

「インフレがこの国を殺そうとしている」

と言い、バイデンは、

「インフレ対策についてはまだまだやるべきことがある。まずは食卓の周りの身近なものの価格を引き下げなければいけない」

と答えた。

今、こうしてマクドナルドの窓際の席に座って5ドルのセットを頬張りながら「好景気」にわくアメリカの景色を眺めつつ、ひっそりと本書を書いている。

果てしなく実感のないこの好景気と、どこまでも実感させられるこの物価高を、世界は本当に羨ましく見つめているのだろうか。

# 05

## 全米がひとつになったウクライナ侵攻

2022年、タイム誌の「Person of The Year（今年の人）」に、ウクライナのウォロディミル・ゼレンスキー大統領と「ウクライナの精神」が選ばれた。

同誌のエドワード・フェルゼンソール編集長はその選考理由を、2022年に始まったロシアによるウクライナ侵攻に立ち向かい「勇気」を世界に示したことと説明した。

そして「近年、意見のはっきり分かれるこの国の世論が、この戦争をめぐっては人々を団結に導いた」と述べた。

そんな、アメリカが「ひとつ」になる瞬間を、たしかにここシカゴでも肌で感じたことを昨日のことのように覚えている。

## 「要るのは乗り物じゃない、弾薬なんだ」

アメリカ国内ではすでに前年の2021年の12月、ワシントン・ポスト紙が「2022年早々にロシアが約17万5000人を動員したウクライナへの侵攻を計画している」というスクープ記事を発表し、憂慮に耐えない現状を報じていた。

バイデン大統領はその年の年末、ロシアのウラジーミル・プーチン大統領と約1時間の電話会談を行い、軍事的緊迫の緩和を求めるとともに、侵攻が行われた場合はアメリカと同盟国が「Decisively（断固とした）」な対応を取ることを明言した。この際バイデンが使用した、およそ日常生活では用いない「Decisively」という単語が持つ強烈さに、事態の深刻さを感じずにはいられなかった。

対するプーチンも、アメリカがロシアに制裁を発動した場合、「colossal mistake（巨大なミス）を引き起こす」だろうと警告した。

年が明けた1月2日にはバイデンはゼレンスキー大統領とも電話会談の機会を設けた。NATOと密接な関係にあるウクライナを西側諸国の代表として支援していく旨を述べたことが各メディアでも報じられた。

その後もブリンケン国務長官とロシアのラブロフ外相が会談を行うなど、協議と牽制を重ねたが、ウクライナ国境付近ではロシアの軍事演習が規模を拡大し続け、緊張は日増しに高まりを見せた。そして1月末にはウクライナのアメリカ大使館の職員と家族に国外退去命令が出され、いよいよ戦争開始が秒読みとなった。

そしてついに、2022年2月24日未明、**ロシアによるウクライナ侵攻**が始まった。

翌日、各国の首脳から国外への亡命を持ちかけられる中、ゼレンスキーは自身のSNSに市街地で政府高官らと撮影した自撮りの動画を投稿した。

「私たちはここ（キーウ）にいる。そして今、私たちの国の独立を守っている」

国に残り、戦うことを宣言したこの動画はアメリカ国内でも大きく報道され、すぐにその「勇敢さ」を讃える世論が国内を覆った。特にアメリカ政府が国外脱出を持ちかけた際に語ったとされる、

「要るのは乗り物（飛行機）じゃない、弾薬なんだ」

というセリフは大きくフィーチャーされ、彼の勇敢さを象徴する言葉として拡散された。元コメディアンというゼンレンスキーの経歴が改めて多くのメディアで紹介され、その言葉の持つ力強さが印象づけられた。

## 「笑えない」状況を笑いに変える

普段は大きく論調が異なる保守のFOXニュースからリベラルなCNNまでが、足並みを揃えて連日ウクライナに寄り添う報道を続けた。

その日のニュースをジョークにして伝える夜の帯トーク番組やコメディ番組も、ウクライナの市民を励まし、ゼレンスキーを賞賛する姿勢を見せた。

2月26日に放送された『サタデー・ナイト・ライブ（NBC）』は、従来のコントでのオープニングではなく、ニューヨークのウクライナ合唱団による粛々とした歌唱という「笑いのない」幕開けを見せた。それでも、コメディアンがニュースキャスターに扮し風刺を行う名物コーナー「ウィークエンド・アップデート」では、コリン・ジョストが、

「バイデン大統領は、かねてよりプーチン大統領に対し『ウクライナへの侵攻は大きな過ちになるだろう』と警告していましたが、ついに現実となってしまいました。これはNBCがいまだに誰も見ていないであろう冬季オリンピックをテレビで中継していることぐらい〝大きな過ち〟だったと言えるでしょう」

と局の自虐に落とし込み、なんとか笑いを誘った。

週が明けた2月28日には、同じくニュース風刺番組『ザ・デイリー・ショー（コメディ・

セントラル)』が放送の30分すべてをウクライナに費やした。司会のトレヴァー・ノアは、今世界中がロシアに経済制裁を加えている状況を解説しつつ、ロシア国内が混乱し、ATMに長蛇の列ができている映像を参照しながら、

「プーチンさんよ、あなたが望んでいるソヴィエト連邦復活が叶ってよかったな。パンに長蛇の列を作ったあの時みたいじゃないか」

と言い放った。

また、ゼレンスキーを賞賛しつつ、元コメディアンという出自に触れながら、

「でもコメディアンがみんな彼みたいに勇敢だと思われちゃ困る。俺たちは勇敢だからコメディアンになったわけじゃないんだ。ただコメディクラブの楽屋でふるまわれる〝まかない〟のフライドチキンが欲しかっただけなんだ」

と締め括った。

同日放送された『ザ・レイトショー(CBS)』では、司会のスティーブン・コルベアが冒頭で、

「冷戦に戻ってしまった。我々はこうなることをずいぶん前から予測はしていたけど、いざ始まって現状を目の当たりにすると悲劇だ」

と神妙に語った。

その上で、ウクライナを支援すると宣言し、過去にゼレンスキーが披露したキレのあるダンス動画を紹介すると、会場からは大きな拍手が起こった。

『ザ・トゥナイト・ショー（ＮＢＣ）』でもジミー・ファロンが得意のモノマネでプーチンを揶揄する語りを披露しながら、ウクライナへの募金を視聴者に呼びかけた。

そして『レイトナイト（ＮＢＣ）』ではセス・メイヤーズが、プーチンと側近のやり取りを、ロシア語アクセントを交じえながらコミカルに演じてみせた。

そして最後に、

「僕のロシア語アクセントはまだまだだね！　練習し始めたばかりだから。でもこれが上達していくってことは、世界がもっとよくない方向に向かうということだから。どうか上達しないように祈ってるよ」

と語りかけた。

こうして、この時期、コメディ界はウクライナへの支援を呼びかけ、ロシアを非難しながら、この「笑えない」状況をなんとか笑いに変えようと一致団結していた。

## バーのメニューも変更に

コメディ業界だけではない。この年のアカデミー賞の授賞式ではウクライナへの祈りが捧げられ、登壇したウクライナ出身の女優ミラ・クニスによってより一層の支援が呼びかけられた。スポーツでも、MLBのシカゴ・カブスの開幕戦には地元のウクライナ系アメリカ人の合唱団が招かれ、試合開始前にウクライナ国歌が歌われた。

3月16日にゼレンスキーがアメリカ議会でキング牧師の『I Have A Dream』を引用した演説を行うと、国内の世論はますますウクライナ支援へと向かう。街のいたるところに黄色と水色のウクライナ国旗が掲げられ、多くの人々が支援を表明した。

同時にロシアへの締め出しも相次いだ。ロシア産のウォッカへのボイコット運動が起こり、ユタ州やオハイオ州、ニューハンプシャー州では知事自らが酒屋に対しロシア・ブランドの撤去を呼びかけた。コメディ・クラブのラフ・ファクトリーも入り口の電光掲示板に、

「当店はロシア産ウォッカを使用していません」

と但し書きを掲載した。

私が通うバーもウクライナ支援とロシア締め出しのねらいで、この時期ウォッカを使ったカクテル「Moscow Mule（モスコ・ミュール）」の呼称を、モスクワからキーウに変更

した「Kyiv Mule（キーウ・ミュール）」にする措置を取った。

意外な食べ物も煽りを受けた。フライドポテトにグレイヴィー・ソースとチーズをかけたカナダ、モントリオールの名物料理「Poutine（プーティン）」だ。近所の店では、プーティンのメニュー名を（プーチンとはスペルこそ異なるものの）音が似ていることから「ウラジーミル」としていたが、クレームが殺到し、すぐさまゼレンスキーのファーストネームである「ウォロディミル」に変更したという事例もある。


それから2年あまりの歳月が過ぎた。街にたなびく国旗の色褪せた黄色と水色が、改めて時の経過を感じさせる。

2024年4月には、バイデンがウクライナへのさらなる支援の緊急予算案に署名した。戦争はまだ終わっていない。

私の行きつけのバーでは、いまだに「モスコ・ミュール」のオーダーが入るたび、バーテンダーが「キーウ・ミュール」と言い直す。

そして、セス・メイヤーズのロシア語アクセントのモノマネは、あの頃よりずっと上手くなった。

# 06

# 全米がひとつになれないパレスチナ問題

## 主人公がパレスチナと重なる『Ｍｏ／モー』

「驚くべきことに、これはアメリカで初めて、パレスチナ人がパレスチナ人の人生を演じた作品なんだ」

２０２２年、ネットフリックスから配信されたドラマ『Ｍｏ／モー』の作者で、主演を務めたコメディアンのモー・アマーはインタビューの中でそう語った。

モー・アマーが自身の半生を半自伝的に描くコメディ・ドラマの『Ｍｏ／モー』は配信直後から大きな話題を呼ぶとともに、ピーボディ賞も受賞するなど批評家からも高い評価を受け、ネットフリックスは続編の制作を発表した。

パレスチナ系のモー・アマーは１９８１年、隣国のクウェートで生まれ、１９９０年の湾岸戦争の際、一家でアメリカに「難民」として移り住んだ。

ドラマの中でも、その苦難がコミカルに描かれる。難民申請が通らず、「不法移民」扱いされるがゆえに労働許可証も下りず、仕事を見つけてはクビになる、の繰り返し。偽ブランド品を売り捌いたり、クラブでＤＪをしたりしながらなんとか食いつなぐが、その暮らし向きは決していいとは言えない。健康保険にも入れないため、怪我をしてもヤミ医者にかかるしかなく、そこで勧められるのはオピオイド。最初はためらいながらも服用するが、次第にオピオイド中毒に陥る始末。そんな中でも彼を支える彼女はメキシコ系。しかし、自身の家族には文化も、そして宗教も異なるため認めてもらえない。どれだけ苦難に満ちた人生でも、どこかゆるりと笑い飛ばして生きていく強さと、底抜けの明るさがモーにはある。そして本作で、モーは絶えず自分の「居場所」を探し求め奔走し続ける。

実際、９歳でアメリカにやってきたモー・アマーは、言葉の壁に直面し、また実父の死なども重なり不登校に陥った。それでも当時の担任が、シェイクスピアのモノローグをクラスメートの前で披露すれば欠席を帳消しにすると持ちかけると、モー自身もそれに応え、情緒的にそしてユーモラスに演じてみせた。そのとき教室中が自分に送った拍手でステージに立つ喜びを知り、初めて「居場所」を感じることができた、という。

それからスタンダップコメディに「居場所」を見出したモー・アマーは、順調にキャリアを重ねていくが、自身の難民申請が通り、正式にアメリカ市民になるまでには実に18年の年月を要した。その間、パスポートを持つことも叶わなかった。

『Mo／モー』ではそんな、自分という存在を、国からも、周りの人々からも認めてもらえない状況へのもがき、そしてアメリカから「国家」としても認められないパレスチナそのものの姿が、重なって映し出される。

## 抗議する学生たち、沈黙するセレブたち

『Mo／モー』の続編の制作が開始されていた2023年10月7日、イスラエルとパレスチナの戦闘が始まった。多くの市民が犠牲となり、爆撃が繰り返されるショッキングな映像がテレビやネットで流された。

2日後、バイデンは「アメリカはイスラエルとともにある」という声明を発表し、**「同盟国」のイスラエルへの支援**を表明した。共和党のリンゼイ・グラハム議員は自身のXに、「たとえガザでどれほどの民間人が犠牲になろうが、イスラエルのハマス撲滅という目的に疑問は抱かない」

と投稿した。
イリノイ州では、パレスチナ系という理由だけで、6歳の男の子が家主の71歳の男に刺殺されるヘイトクライムも起きた。一方で反ユダヤ運動も各地で報告され、被害が相次いだ。そして何より、ガザでは連日連夜、爆撃が続いた。

複雑で入り組んだ歴史の延長線上に存在する二国間の深すぎる溝。前年、街中を黄色と水色が埋め尽くしたように、イスラエル、パレスチナどちらか一方の国旗が掲げられ、アメリカが「ひとつ」になることはなかった。

それでも全米各地の大学で抗議運動が起こった。イスラエルの報復攻撃以降、「Free Gaza（パレスチナを解放せよ）」を合言葉に多くの学生がキャンパス内で野営やハンガーストライキを行った。学生たちは、イスラエルに献金をしていたり、イスラエル企業と取引をしているアメリカ企業は現在進行中の戦争に加担していることになる、と主張。それらの企業に投資を行う大学も戦争に加担しているとし、直ちに資金を引き上げることを要求した。

抗議の輪は広がり、全国の非ムスリムの学生もデモに加わった。その数は、1960年代末のベトナム反戦運動以来とも言われている。しかし状況が一向に改善されない苛立ちから、その激しさはエスカレート。ニューヨークのコロンビア大学では、学生が構内のハミルトン・ホールを占拠し、バリケードを張った。大学側も学生と交渉を続けたが、折り合いがつかず、2024年4月30日、ついにニューヨーク市警に介入を要請した。ニューヨーク市警はこの日、数百人体制でホールに突入し、学生らを排除。計100人以上の逮捕者が出る事態となった。コロンビア大学にとどまらず、全国の大学でこれまで3000人を超す学生が逮捕されている。その中には大学から除籍処分が下された者も少なくない。

TikTokやインスタグラムでも連日抗議の模様が拡散され、多くの賛同を呼んだ。そして、今年に入ると「#Blockout2024」というハッシュタグが流行した。イスラエルに対し抗議の声を上げず、沈黙を守るセレブリティのアカウントをブロックしようというムーヴメントだ。民間人が多数命を落としている現状にアクションを起こさない有名人のリストがSNS上に公開され、彼らのフォロワーを減らすことで、収入源や影響力を阻止しようとするねらいだという。実際、テイラー・スウィフトやキム・カーダシアンは数十万人のフォロワーを失った。

このような状況の中でも、いまだにハリウッドでは多くの俳優が、パレスチナ問題について明言を避けている。その背景に、エンタメ界に莫大な資産を投じ、絶大な影響力を持つとされるユダヤ系への忖度を指摘する声もある。

女優のスーザン・サランドンはパレスチナ支持の集会に出席し、停戦を訴えた。その中で、

「今、多くのユダヤ人がユダヤ人であることを恐れている」

と発言すると、反ユダヤ主義だと批判を呼び、大手エージェンシー、UTAとの契約を打ち切られた。


女優のメリッサ・バレラも自身のインスタグラムのストーリーに、

「私はこの二週間、パレスチナ側のビデオや情報を探して、フォローするようにしている。西側のメディアはいつも『反対側』のことしか報じないから」

と投稿すると、出演予定だった映画『スクリーム7』からの降板が発表された。


モー・アマーは戦争が始まって約1ヶ月が経った昨年11月、沈黙を破り『ロサンゼルス・タイムズ』紙のインタビューに答えた。

「罪のない民間人の殺戮を非難すべきだということは、きっと誰もが同意できる。でも悲しいことに、今、怒りと複雑な歴史のせいで、人間として当たり前の『思いやり』は追いやられ、どちらが悪いのかという激しい議論の巻き添えになってしまってるんだ」


そして、語気を強めるとこう締め括った。

「私は生まれながらにして、ずっとコメディアンだった。悲しいことがあるとすぐ冗談を言いたくなった。緊張する瞬間があると、それをほぐすために面白いことを言ってきた。アメリカに来て辛かったときだって、コメディが私を争いやいじめからから救ってくれた。でも、今は笑うべきときじゃない。ただ、平和な未来を祈るときなんだ」

それでも『Ｍｏ／モー』のシーズン２は今年の秋、配信を予定している。

# 07

## 癒しから快楽へ――悪化するメンタルヘルス、蔓延するオピオイド

2019年7月、MLBロサンゼルス・エンゼルスの投手タイラー・スカッグスが遠征先のテキサス州のホテルで急死した。州の検死局はスカッグスの体内からアルコールとオキシコドン、フェンタニルが検出されたと発表した。

オキシコドンとフェンタニルは**非常に強い鎮痛剤「オピオイド」**の一種。これらの薬がチーム内で提供されていたこと、そしてそれが選手の死を招いたことで、この事件は大きな話題を集めた。3年後の2022年に行われた裁判では、オピオイドをスカッグスに手渡した元球団広報部長のエリック・ケイに有罪判決が下り、禁錮22年が言い渡された。

今、アメリカでは**オピオイド蔓延**が深刻な社会問題になっている。そもそもオピオイドとはケシなどから合成された化合物を指し、鎮痛剤として広く用いられてきた。モルヒネやヘロインもオピオイドの一種であり、多幸感を得られるため、ドラッグとしても乱用さ

れ、多くの中毒者を生んだことでも知られている。

現在、国内のオピオイド中毒者は200万人を超えるとも言われており、CDC（アメリカ疾病予防管理センター）の発表するデータによると、昨年アメリカ国内で81083人がオピオイド中毒により命を落とした。これは交通事故で亡くなる人の2倍にのぼる。

こうした状況の中で、バイデン政権は2022年、オピオイド対策に15億ドルを捻出すると発表し、カマラ・ハリスも、大統領選のひとつの柱に、オピオイド蔓延への対処を掲げた。

## オピオイドに〝ハマる〟人たち

オピオイドをいち早く商品化したのは製薬会社のパーデュー・ファーマ。「オキシコンチン」と名付けられた薬を開発すると、もともと医者だったサックラー3兄弟の積極的なロビー活動のもと、1995年に医薬品を許認可する政府機関FDA（連邦食品医薬品局）から承認を得ることに成功。以後、テレビCMでも積極的に「オキシコンチン」を宣伝したほか、全国の医師を接待し、その効果と安全性を喧伝させ、全国的な流通を実現させた。

病院での処方はもちろん、大手薬局チェーンでもオキシコンチンをはじめとするオピオイドが売られ、多くの人々にとって簡単にアクセスすることが可能となった。そして国民皆保険制度のないアメリカにおいて、高額な医療費を支払えない貧困層にとってもオピオイドは重宝される。先述の『Ｍｏ／モー』でも、主人公のモーが「ヤミ医者」からオピオイドを処方されるシーンが出てくる。

私の周りでも、健康保険に加入できないままオピオイドに手を出し、その沼にはまっていったコメディアンが驚くほどに多い。関節痛の緩和に始まるたった一錠のカプセルがいつしか精神の安定に、そして快楽へのチケットとして手放せない生活の一部へと侵食してくるのである。私は、この数年で４人の「仲間」を失った。オピオイドの魔の手は確実にもうすぐそこまで伸びてきているのだ、と日々感じさせられる。

このように、痛み止めとしての効果を超えて、多くの人々がオピオイドに「癒し」と「救い」を求めた。そしてその結果、オピオイドはアメリカに広く蔓延し、そして深く蝕んだ。

オキシコンチンによってパーデュー・ファーマ社は莫大な利益を得て巨額の資産を築いたが、中毒や過剰摂取の可能性があることを知っていながら隠蔽していたとして、数千件を超える訴訟を起こされた。裁判では、下級審において、パーデュー・ファーマ社が最大60億ドルを支払うのと引き換えに創業一族に免責が与えられるという和解計画が認められた。それに伴い同社は破産申請手続きを済ませたが、今年6月、最高裁はその判断を「5対4」で覆し、和解内容を認めない判断を下した。

訴えを起こされたのは、パーデュー・ファーマ社だけではない。2022年にはオハイオ州クリーブランドの連邦地裁が、大手薬局チェーンのCVS、ウォルグリーン、ウォルマートに対し、オピオイド乱用の法的責任を認める判断を下した。裁判の原告はオハイオ州のレイク郡とトランブル郡。薬局チェーンが、オピオイド系鎮痛剤の安全性を保証できないまま地域に過剰供給し、「社会的な迷惑」を引き起こしたと主張した。実際、鎮痛剤の流行によって、郡は教育分野や医療分野での対応を余儀なくされ、10億ドルのコストが生じた結果、財政が大きく圧迫されたとしている。

## 5人に1人がメンタルヘルスに問題

では、なぜ今アメリカではそれほどまでに社会が「癒し」と「救い」を求めているのか。現在、**アメリカの成人の5人にひとりがメンタルヘルスに問題を抱えている**というデータが出ている。また、近年ティーンエイジャーの精神疾患が急増しているという。社会や将来への不安からくる「Anxiety（不安障害）」や、SNSでの問題や学校での人間関係など、原因は多岐にわたるが、これらの問題は家庭の所得水準にかかわらず、誰にでも起こりうる。コロナ禍には、メンタルヘルスのさらなる悪化が叫ばれた。

こうした状況を踏まえ、行政や企業も対策に乗り出している。「メンタルヘルス休暇」の導入にむけ、州レベルでの法整備が進んでいるほか、学校でもメンタルヘルスを理由に欠席することが認められる制度が構築されつつある。

毎年5月は「メンタルヘルス啓発月間」にあたるが、昨年には子ども向け番組『セサミ・ストリート』のおなじみのキャラクターが「エモーショナル・ウェルビーイング（精神が健康で良好な状態にあること）」というタイトルのショート動画に登場し、親を含めた信頼できる人との関係や自身の感情の吐露の重要性を説いた。

そして、今年1月『セサミ・ストリート』の人気キャラクター、エルモが自身のXで呟いた。

「みんな元気？」

このエルモの何気ない問いかけに、驚くほど多くのユーザーが自身の不安や絶望、悲しみを訴えた。

「エルモ、自分が生きている意味がわからないんだよ」

「月曜日が来るたびに憂鬱になるんだ。金曜日が待ち遠しいと思いながら仕事に行くんだ」

2021年にリメイクされた映画『ウエスト・サイド・ストーリー』で主演を務めた女優のレイチェル・ゼグラーも投稿した。

「エルモ、今私もあなたにちょっと悲しいって伝えたい衝動に駆られているの」

こうしたエルモへの「訴え」は3000件を超えた。翌日、エルモはXで「#EmotionalWellBeing」のハッシュタグを添えて、こう綴った。

「わぁ、みんなに聞いてよかった。ともだちに元気かどうかたずねることがたいせつだって知ったんだ。またみんなのようすを見にくるね。みんなのことが大好きだよ」

クッキーモンスターも、

「僕はここにいるからいつでも話してね。クッキーもあげるからね」

と投稿し、アーニーの親友バートも、

「悩みを聞いてくれる人が必要なら僕はいつもここにいるからね。温かい紅茶を淹れてあげるよ」

と書いた。

バイデンも自身のXで、

「みんなの友だち、エルモは正しいね。私たちは互いに支え合わないと」

と述べた。

バイデンは2020年の大統領選の勝利演説でこう語った。

「聖書はこう教えてくれます。『すべてのことには季節がある。つくる時があり、収穫する時期があり、植える時期があり、癒やす時期がある』と。今、アメリカは『癒やす』時期です」

この国には今、「癒し」が必要だ。

# 第2部

# 「分断」から見るアメリカ

2016年11月8日、ドナルド・トランプがヒラリー・クリントンを破り、第45代大統領に当選した。その日、私の住むシカゴでは多くの人々が悲しみに暮れ、その怒りから暴動も発生した。翌朝、私のアパートの壁にはスプレー・ペイントで「**The End of America（アメリカの終焉）**」の文字が書かれていた。

その週の土曜日、コメディ番組『サタデー・ナイト・ライブ』にゲスト司会者として登場したのが今もっとも影響力のあるスタンダップコメディアン、**デイヴ・シャペル**だった。これまで黒人としての立場から社会に対する鋭いジョークを投げかけ、オピニオン・リーダーとしての役割さえ担ってきたデイヴ・シャペル。この日、11分間にわたる冒頭のモノローグをこう締めくくった。

「俺はドナルド・トランプの幸運を祈る。彼にチャンスを与えたいと思っているんだ」

このどこか楽観的で、それでいて示唆的な語りは、テレビの前に座す私にも今後4年間のアメリカの行く末を暗示しうるかもしれないと感じさせた。

ご存じのように翌年の大統領就任後も、トランプはその排外主義的な言辞で注目を集め、それに対する批判が集まれば集まるほどに熱狂的な支持を獲得していった。

そして4年後。トランプは負けた。

その日、シカゴの街はまさしく「お祭り騒ぎ」だった。**「Trump Is Gone（トランプは去った）」**という手作りの旗がベランダに掲げられ、行き交う車はクラクションをさながら「祝砲」のように鳴らし合い、道ゆく人々はハイタッチを交わした。

そして、その週の土曜日、『サタデー・ナイト・ライブ』でホストを務めたのはまたしてもデイヴ・シャペルだった。

トランプの敗戦にまるでパーティーかのようなニューヨークの客席に向かって、4年前よりも長い16分間のモノローグの中でこう語った。

「トランプは去った。今日は記念すべき、そして喜ばしい日だ。4年前は最悪の気分だったのに。でも忘れちゃいけないのは、今あなたたちがこうして拍手しているこのときだって、半分のアメリカ人は最悪の気分なんだ」

そしてバイデンは勝利演説の中でこう語った。

「今こそアメリカ国民が団結し、分断を癒すときです」

今、**アメリカはたしかに「分断」している。**

言い換えれば、それは属性や意見、イデオロギーの異なる「他者」同士の間に存在する大きな溝なのかもしれない。その亀裂は日々深まり、ときに形さえ変えながらより複雑に、そして幾重にもわたって、このどこまでも多様な国を引き裂いている。

そして、**意見の異なる「他者」に対する攻撃**が、身体的暴力として表出し、人々にとっての脅威として存在している一方で、差別に敏感な時流が社会全体を支配し、**目に見えない「正義」**が大きな力として作用している時代でもある。

本章では、**とくに意見の分かれるトピック**を紹介しながら、主にアメリカの「分断」に着目し、その構造と展開される議論を考察し、私たちの社会に迫りたい。

# 08

# 行き過ぎたキャンセル・カルチャーと正義

2018年、人気コメディ・アニメ『サウスパーク』は第22シーズンの放送開始を前に「#CancelSouthPark（『サウスパーク』をキャンセルせよ）」というハッシュタグを用いてプロモーションを行った。ちなみに、この場合の「キャンセル」とは「放送を中止せよ」という意味。

1997年の放送開始以来、人種や宗教、ジェンダーにまつわるエッジの効いたジョークで人気を博してきた『サウスパーク』。一方でその「攻めすぎた」内容ゆえに、これまで批判の対象になることも少なくなかった。このハッシュタグは、番組サイドがそれらの批判を逆手に取り、自ら皮肉を込めて「放送禁止」を謳ったジョークでもあった。

こうした、不適切な言動のあった企業や個人、作品を社会的に抹殺しようという**「キャンセル・カルチャー」**の風潮が、今アメリカで大きな広がりを見せている。

ここで注目すべきなのは、2018年の時点で「キャンセル・カルチャー」は「言論の自由」を標榜する作り手にとって、すでに「脅威」として存在していたという事実だ。

それから6年余りが過ぎたが、「キャンセル・カルチャー」という時流は日々かたちを変えながら、アメリカを覆い、また対立軸となって私たちの生活に大きな影響を及ぼしている。

## ウォーク・カルチャー

「キャンセル・カルチャー」を考察する前に、その起点である「Woke Culture（ウォーク・カルチャー）」について触れる必要がある。

元々「Woke」という言葉は「Wake（目覚める）」の黒人アクセントに由来し、1940年代にブラック・コミュニティの間で、人種差別に対し「目覚める」こと、すなわち「立ち向かう」ことを喚起する口語として用いられたのが始まりと言われている。

活字としても、公民権運動が盛り上がりを見せる1962年の時点ですでにメディアに登場し、黒人作家、ウィリアム・メルヴィン・ケリーが『ニューヨーク・タイムズ』誌に「"If You're Woke You Dig It"（目覚めているなら、わかるはずだ）」と題した記事を寄せた。

以後、約半世紀にわたって日の目を浴びることのなかったこの語だが、2008年にミュージシャンのエリカ・バドゥが自身の楽曲『Master Teacher』内で「I stay woke」と歌ってからは、リバイバル的に使用されるようになった。

とりわけ2014年、黒人青年マイケル・ブラウンが警官に射殺された事件をきっかけに、ブラック・ライヴス・マター運動が全米で展開されると、多くの人々が「目覚め」た結果、連日「ウォーク」が用いられるようになった。

そして2010年代後半に突入すると「ウォーク」は「黒人への人種差別」という本義を超越し、**あらゆる差別に対して抵抗する姿勢を表す言葉**へと変容を見せる。2017年以降の「#MeToo運動」や、同性婚の権利、人工妊娠中絶へのアクセスを求める社会的なムーヴメントの中でもしきりに用いられ、現在では「差別に敏感な姿勢」全般に対して用いられる。こうした「正しさ」を追求する社会的風潮を「Woke Culture（ウォーク・カルチャー）」と呼ぶ。

そして重要なのは、この「ウォーク」という語は、それを用いる人々の政治的イデオロギーによってニュアンスが異なる点だ。

リベラル層が「マイノリティへの差別に敏感な文化」を指すポジティヴな文脈で使用す

るのに対し、保守層は「ポリティカル・コレクトネスを遵守しすぎる、過敏すぎる文化」という揶揄含みの批判的文脈で用いる。

２０１７年、大統領に就任したトランプの差別的かつ排外的な言辞は連日メディアやＳＮＳで批判にさらされた。しかしそうした批判をも、本人は「言論の統制」であり「軟弱」だと一蹴した。

そして、しだいに「ウォーク」の時流は発言者そのものを社会から「キャンセルする（排除する）」ベクトルへと発展していく。

トランプという「ウォーク」とかけ離れた大統領の時代、「正しさ」と「言論の自由」のせめぎ合いの中で、今日の「キャンセル・カルチャー」は生み出された。

２０１７年には、過去に受けたセクハラや性被害を実名で告発する「#MeToo運動」が起こった。映画プロデューサーのハーヴェイ・ワインスタインを皮切りに、コメディアンのルイ・C.K.、ビル・コズビー、近年ではショーン・コムズらが相次いで告発され、「キャンセル」された。こうしたおぞましい性加害には擁護の余地などなく、彼らの「キャンセル」に対し、異議を唱える声は少ない。

## 差別発言で即日解雇、引退も

前置きが長くなったが、本項ではとりわけ「発言」によって「キャンセル」された事例を参照しながら、今日の分断を紐解いていきたい。

これまで実に多くの「発言」が「キャンセル」の対象となってきたが、とりわけその「ジョーク」によって「キャンセル」され、職を失ったコメディアンは枚挙にいとまがなく、私自身の周囲でもその都度大きな議論を呼んだ。

日本でも2021年、東京オリンピック開会式という「グローバル」なイベントに際して、その演出を務める予定だった小林賢太郎が過去のホロコースト・ネタで「キャンセル」されたことが世間の大きな注目を集めた。

そもそも、黒人差別に「目覚める」ことを起点にする「ウォーク・カルチャー」が発展したキャンセル・カルチャー下においては、マイノリティへの差別的発言に対してもっとも厳しい目が向けられてきた。とりわけ「マジョリティ」、言い換えると「White Privilege（白人の特権）」を有しているとされる「白人」によるマイノリティ差別は否応なくキャンセルの対象となってきた。

古くは2006年。『となりのサインフェルド』などにも出演していた人気コメディアン、マイケル・リチャーズは舞台上で、黒人を差別する「Nワード」を連呼した。その様子が当時サービスを開始したばかりのTwitterで拡散し、たちまち大きな批判が巻き起こった。本人はすぐさま謝罪声明を出したが、翌年引退を余儀なくされた。

近年では、その歯に衣着せぬ芸風で人気を博していたトニー・ヒンチクリフが記憶に新しい。2021年、テキサス州オースティンでのライブで、中国系のコメディアン、ペン・ダンの後を受け舞台に上がったヒンチクリフは、

「みんな、今一度会場を沸かしたこの薄汚いチビの〝チンク〟（原文はfilthy little fucking chink）に大きな拍手を」

と言い放った。その後も、中華レストランの店員に扮した中国アクセントの英語を話すスキットを披露した。

ちなみに「Chink（チンク）」とは19世紀ごろから用いられた中国系を侮蔑する卑語。鉄道建設に従事することの多かった彼らが鉄を打つ音に由来しているとも言われており、日本人に対する「Jap（ジャップ）」と同様、その歴史的背景も含めて決して使用が許されない差別的な呼称である。

当日、劇場で観客がこのネタを録画しており、その切り抜き動画がSNSにアップされ

ると大きな批判が寄せられた。この時期、新型コロナウイルスをアメリカに持ち込んだという理由で、各地でアジア人に対する深刻なヘイト・クライムが発生していた。それだけに、事態を重く見た彼のエージェントＷＭＥは、即日解雇に踏み切った。

しかし、ここで重要なのはヒンチクリフが、友人のコメディアン、ペン・ダンのネタのオチを受けて前述の発言をしたということである。ダンは、アジア人差別の現状に触れつつ、

「みんな、もう少しアジア人に優しくなってくれよ。その代わり無料で追加の醤油をあげるよ（中華レストランの店員として）」

と締めくくっている。

それを受けたヒンチクリフの、あえて中華系に強く当たる昨今の「愚かな白人」という像を演じてみせたジョークが、その部分だけ切り取られネット上に拡散したのである。実際、この時期多くのメディアが、

「トニー・ヒンチクリフがアジア人差別ネタで炎上！　エージェントから解雇される」

という見出しでこの出来事を批判的に報じ、炎上は約１ヶ月にわたって続いた。

コメディアンのシェイン・ギリスも過去の「チンク」発言で「キャンセル」されたひと

りだ。2019年、人気テレビ番組『サタデー・ナイト・ライブ』の新キャストにアナウンスされたギリス。しかし前年に自身のポッドキャストの中で披露したコントの中で「チンク」という表現をしていたことが発覚し、一日も出演しないまま降板に追い込まれた。「白人コメディアンのシェイン・ギリス、アジア人蔑視で『サタデー・ナイト・ライブ』を降板へ」

というセンセーショナルな見出しは当然私の目にも届いた。この発言も、本人の口から発せられたものではあるものの、あくまでも「キャラ」を演じる中で用いられたものだったことは強調に値する。

自身で制作するポッドキャスト番組『マット&シェイン』の中で、「こんな家主は嫌だ」というテーマで即興コントを展開したギリスは、1940年代のレイシストな白人家主をカリカチュアして演じてみせる中で、この卑語を用いた。当然、忌まわしい歴史を内包する言葉の発話が軽率だとの批判もあるが、それ以上に音声の切り抜きが一人歩きし、文脈を無視した批判が拡大したこともたしかだ。

## 大谷翔平のアクセント・ジョークで職を失う

コメディアンだけではない。

2021年8月、MLBのデトロイト・タイガース対ロサンゼルス・エンゼルスの一戦が、本拠地デトロイトの中継局バリースポーツで生放送されていた。6回表、大谷翔平が打席に入った際、実況アナは、解説のジャック・モリス（白人）に「あなたなら大谷をどう攻めますか」と問いかけた。

すると、モリスはアジア系のアクセントを模した英語で（具体的にはLとRを混同させながら）、

「ベリー・ベリー・ケアフル（とても慎重に攻めるよ）」

と答えたが、この白人によるマイノリティの英語のモノマネが差別的だと炎上。試合途中の9回にモリスは謝罪に追い込まれた。

「先ほどの大谷選手への発言は、差別的な意図があったわけではありませんでした。しかし、特にアジア系コミュニティの方々に不快な思いをさせてしまったのなら申し訳ありませんでした」

試合後、この一件をUSAトゥデイやESPNなどの大手メディアが一斉に報じると、局はモリスに対し、無期限出演停止処分を下した。

たった数秒のアクセント・ジョークで、ひとりのベテラン解説者が職を失った。この発

言自体に無論悪意があるわけではなく、ネット上ではこうした処分が重すぎるのではという声も聞かれた。

これまで、他者のアクセントを真似るこうした「アクセント芸」は伝統的にエンターテインメントの王道と見なされてきたが、特に白人によるマイノリティのアクセント模倣は近年、大きな批判の対象になりうるため、舞台上でもほぼ披露されることがなくなった。

## マイノリティからマイノリティへの発言も

人種にとどまらず、**性的マイノリティを揶揄する発言**も「キャンセル」を呼んだ。人気コメディアンのケヴィン・ハートは2019年のオスカーの司会に内定していたが、自身が行った2009年からの一連のゲイを揶揄するツイートが掘り起こされ、降板に追い込まれた。こちらも、異性愛者というマジョリティの立場から、性的マイノリティに対し「fag（ホモ野郎）」と侮蔑語を用いた発言であったが、それが約10年前の数行のツイートであったこと、そしてハート自身がこれらの発言に謝罪を繰り返していたことなどから、処分に対する驚きと賛否の声が上がった。

先述のデイヴ・シャペルがネットフリックスに発表したスタンダップコメディ作品でも

大きな議論を呼んだ。シャペルは、2019年に行ったトランスジェンダー・ネタがきっかけで炎上が巻き起こり、それを擁護したトランスジェンダーの友人がネットで誹謗中傷にあい、自殺に追い込まれるという悲劇を経験した。それを踏まえ2021年のコメディ・ライブ『The Closer（邦題は『デイヴ・シャペルのこれでお開き』）』の中で、72分のうち45分間をトランスジェンダーに費やした。ネットフリックスから同作がリリースされると、大きな炎上を招き本社の前で作品の引き上げを求めるデモまで起こった。

かねてより「キャンセル・カルチャー」そのものに異議を唱え、ジョークを「キャンセル」することの危うさを主張していたシャペル。自身の作品によってこうした世間の反応を呼び起こすことで、改めてそのあり方に疑問を投げかける狙いがあったようにすら感じる。

また、こうしたマジョリティからマイノリティへの発言による「キャンセル」にとどまらず、およそ社会における制度的不平等が存在していないとされる**マイノリティからマイノリティへの発言でも「キャンセル」の対象となってきた**ことは興味深い。

2022年、アジア系の女優オークワフィナが、過去に映画などで黒人のアクセントを模していたことで批判を浴びた。本件は「Cultural Appropriation（文化盗用）」の文脈での批判とも取れるため、詳しくは第3部で後述するが、結局、オークワフィナは謝罪声明をリリースし、自身のSNSをすべて閉鎖した。

## 行き過ぎたキャンセル・カルチャーへの批判

これら一連の「キャンセル」が、2010年代のソーシャルメディアの興隆の中で、より頻繁に行われるようになったことは示唆に富む。とりわけ拡散機能によって、それまで目に届くことのなかった人々にまで即座に情報が行き渡り、ハッシュタグとともに意見にまとまりが生じることで実行力を伴う「武器」として作用してきた。「正しさ」が大きな力として働く時代において、それに懐疑的かつ否定的な意見も存在している。

「キャンセル・カルチャー」に異を唱える人々は、「キャンセル」しようとする人々を「Snowflake（雪の結晶）」と呼んで揶揄した。元々は、それぞれ形が異なっている雪の結晶のように、ひとりひとりの個性を尊重する言葉として使われた「Snowflake」だが、「キャンセル・カルチャー」の時代、脆く傷つきやすいさまを揶揄する言葉へと変容した。「キャンセル」が起こるたび、保守派のブロガーやインフルエンサー、議員らが積極的にこの言葉を用いながら、言論の自由を主張した。

「ウォーク」を批判する潮流は、立法にも反映され、2022年、フロリダ州で**「Stop WOKE Act（ストップ・ウォーク法）」**が成立した。この法律により、州内の学校や職場で、人種や性別による過去の差別的行為に対する責任を共有する指導を禁止にした。つまり、**白人や男性による過去の、マイノリティや女性、LGBTQに対する差別の歴史を教えることを州が禁じた**のだ。こうした法の成立の背景には、とりわけ保守層を中心に、近年「ウォーク・カルチャー」への欺瞞と不満がうごめいていたことが挙げられる。

行き過ぎた「キャンセル・カルチャー」にはリベラル層も声を上げたことは興味深い。2019年10月、大統領職を退いたバラク・オバマがシカゴでの講演会の際、「最近のキャンセル・カルチャーは行き過ぎている。オンラインで他者を非難して、自分の方がウォークであることを証明しようとしているのかもしれないが、それは正義ではない。そんな行動では世の中を変えることはできないんだ」

と語ったことは大きな話題を集めた。

これまで大統領在任中も、初の黒人大統領としていいわれのない誹謗中傷に晒されてきたオバマ。それだけに、こうした「ウォーク」に対する言及は重みがある。

「ギリギリ」を攻めることがある種の妙義とされてきた「コメディアン」という職の中に

も「キャンセル・カルチャー」に対するさまざまな姿勢が見て取れる。

俳優としても活躍し、2014年には金正恩《キムジョンウン》を風刺する映画『ザ・インタビュー』に監督・出演したコメディアン、セス・ローゲンは2021年、テレビ番組の中で、

「きっとジョークの中には今では受け入れられなくなったものもあると思う。そしてジョークは映画と違って、永遠におもしろいってものはないんだ。僕は『キャンセル・カルチャー』に不満を持つ意味はわからない。自分の発言で人を傷つけてしまったのなら、その事実を受け入れればいいんだよ。酷い内容でないと思うなら、そう伝えればいいだけなんだ」

と答えた。

一方、シカゴ出身の黒人コメディアン、デオン・コールは2019年のネットフリックスのスペシャルの中で、

「今のアメリカのコメディはパンチがない。軟弱で遠慮して話す。アメリカらしくない。みんな小さなことにビクついている。音楽もダメ、映画もダメ。コメディが最後の砦なんだ。自分と違う考えを排除しちゃダメだ。他人をリスペクトしろよ。違う考えのヤツとの出会いは転機だ」

と力強く語った。

## 脱・キャンセル・カルチャー

近年、こうした時代の流れの中で、少なくともコメディ・シーンにおける「キャンセル・カルチャー」は少しずつ形を変えつつある。ここ数年で、**文脈を無視したジョークの切り抜きによる「キャンセル」はむしろ暴力的であり忌避されるべき**、という意見が目立つようになった。

とりわけ肩身の狭い思いをしていた白人男性コメディアンたちが近年**「脱・キャンセル・カルチャー」**を唱え、リベラルなカリフォルニア州から、テキサス州へと拠点を移したことが話題になった。ポッドキャストの帝王にして、その粗野な口ぶりでカリスマ的人気を誇るジョー・ローガンを筆頭に、多くのコメディアンがより自由な言説を振りまくライブを意識的に行っている。ローガンがテキサス州オースティンにオープンした劇場「コメディ・マザーシップ」は連日、大きな盛り上がりを見せている。

そして「アジア人蔑視発言」で「キャンセル」されたトニー・ヒンチクリフは現在、同劇場のレギュラーとして活躍するほか、新たに大手エージェントと契約を交わし、昨年大規模なアリーナ・ツアーを成功させた。

シェイン・ギリスもテレビなどでキャリアを積み重ね、昨年全米ツアーを成功させた。

そしてついに今年、降板となった『サタデー・ナイト・ライブ』にキャストよりも格上とされる「ホスト（司会）」での「返り咲き」を果たした。この出演はテレビ業界の「キャンセル・カルチャー」への姿勢の転換点として注目すべき事例であろう。

そして、この出演に際し、ギリスはオープニングで自身の障害を持つ姪（姉の娘）について言及した。

「うちの姉は養子を3人取ったんだ。黒人の男の子たちさ。ここからが僕の描く、この家族のよくないシナリオ、いや、むしろいいシナリオなんだけど、小学校に入った姪っ子が白人の意地悪な男の子たちにいじめられて『おい、Retarded（知恵遅れ）』って言われたら、どこからともなく黒人の3人組が飛んできて、彼らを叩きのめす、っていうことになると思うんだよ。これってアメリカにとってもいいストーリーだよね」

これまでタブーとされてきた「Retarded（知恵遅れ）」という言葉を用いてのジョークにネット上では批判が巻き起こった。しかし、この批判こそ2019年、自身を降板へと追い込んだ、文脈を無視した「キャンセル」の構造を再度可視化させるねらいがあったように思えてならない。

そしてこの日、『サタデー・ナイト・ライブ』の会場はギリスのジョークに万雷の拍手を送った。

2024年現在、「キャンセル・カルチャー」は、ときに正義として、ときに脅威として、この社会に横たわっている。そして時々刻々とかたちを変えながら、巨大なうねりとなって人々を揺り動かしている。昨日までセーフだった発言は、明日には「キャンセル」の対象になり、明後日には賞賛されることもある。そんなつかみどころのない価値観の狭間で私たちコメディアンはジョークを作る。そしてそこには、「これがアウト」で「これはセーフ」という明確なルールブックは存在しない。あえて言うのであれば「誰が、どの文脈で、何を、どのように言うのか」に尽きるが、それさえ無視され批判に晒される世でもある。「表現の自由」に普遍性も絶対性も存在しないからこそ、時代の声を読む「正しさ」が必要なのかもしれない。

# 09

## ＬＧＢＴＱの権利獲得は、一本のヘアピンからはじまった

今年もこの季節がやってきた。

毎年6月はＬＧＢＴＱの権利を讃える「Pride Month（プライド月間）」。そして私の住む街、シカゴのボーイズタウンは全米随一のＬＧＢＴＱフレンドリーな街として知られている。13年前、初めてこの街を訪れたときから、この自由闊達な雰囲気に居心地のよさを覚え、以来ここに住み続けている。

シカゴでは、毎年プライド月間の最終日曜日にプライド・パレードが行われている。本項を書いている２０２４年6月30日、今、まさにパレードの一行が私の家の前を通過している。

街の道路は前日夜から封鎖され、沿道はレインボーの旗を振る人々で溢れている。スピーカーからはアパートが揺れるほどの爆音で音楽が流され、曲に合わせて参加者が豪華な山車《だし》とともに行進すると、人々は大歓声をあげて応える。派手な衣装とメイクのドラァ

グクイーンのグループ、50年以上にわたって権利獲得に尽力してきた人権団体、そしてこの運動をサポートする地元の企業まで、実に様々な人々が思い思いにマーチに加わる。

そんな中、あるドラァグの参加者が沿道に向かってヘアピンを投げ入れ、人々はひときわ大きな声援を飛ばした。そして、このヘアピンこそアメリカにおける「プライド」の歴史と密接に結びついている。

## 性的マイノリティの蜂起

話を1969年のニューヨークに移そう。

当時、多くの州で同性間での性交渉を禁じるソドミー法が残存していたばかりか、同性愛を理由にした解雇が違法とならないなど、性的マイノリティの人権は保障されていなかった。

ゲイバーには日常的に警察のガサ入れが入り、おとり捜査官によって売春の罪などで逮捕、拘束が行われることも少なくなく、逮捕者を出したバーは、酒類販売のライセンスを取り下げられ、経済的にも大きな打撃を被った。たいていの場合、警棒を振るう警官に客も店も抵抗することなく、引き下がることしかできなかったが、この年の6月28日、グリニッジ・ヴィレッジにあったゲイバー「ストーンウォール・イン」では様子が違った。一説には、当時ゲイアイコンとして知られたジュディ・ガーランドの葬儀が行われたこの日、店内では彼女を偲ぶイベントが行われており、多くの客が感傷的になっていたという。

そんな夜、時刻が12時を回るころ、ストーンウォール・インに8人の警官が手錠を持ってやってきた。店には200人ほどの客がいたが、警官たちはいつものように警棒を振り回しながら異性装をしている者や従業員、IDを持たないものなどを次々に現行犯で逮捕した。

しかし、いつもなら黙って見ているだけの客が、この日は一斉に警官に抵抗したのだ。トランス女性が自身のヘアピンを外し、警官に投げつけた。それに続き、多くの客が硬貨や空きボトル、椅子など、身の回りの物を警官に投げつけ大乱闘が始まった。

騒ぎを聞きつけたLGBTQの人々が応援に駆けつけ、その日のうちに2000名を超える暴動に発展した。店にはバリケードが張られ、火炎瓶の応酬が繰り広げられた。

結局、7月3日に鎮静化するまで暴動は一週間にわたって続き、13名の逮捕者と多数の負傷者を出した。

1969年当時、ベトナム反戦運動や公民権運動で激しい衝突が各地で連日行われていたため、この一件もその一部とみなされ当初はさほど話題にされなかった。この暴動を初めて報じたのは開始から一週間以上たった7月6日の『ニューヨーク・デイリー・ニュース』だった。

当時の見出しをあえて、そのまま（今では「キャンセルされる」表現だが）引用する。

「Homo Nest Raided, Queen Bees are Stinging Mad（ホモの巣窟が襲われるも、女王蜂が針で反撃）」

「Queen」にはドラァグなど異性装の男性および、広くゲイを指す意味がある。「女王蜂」を表す「Queen Bee」とかけた見出しは時代を感じさせる。しかしこの予期せぬ暴動が世界に伝わり、抑圧された人々に立ち上がる勇気を与えたことはたしかだ。

１９５０年に設立された同性愛者の権利団体「マタシン協会」の代表を務めていたディック・ライシュは、ストーンウォール・インの直後、

**「Hairpin drop heard round the world.（ヘアピンが落ちる音が世界に伝わった）」**

と語った。

## ＬＧＢＴＱの権利獲得へ

この一件を経て、各地でＬＧＢＴＱの権利獲得に向けたデモや運動が起こった。そして

1961年に既に撤廃していたイリノイ州に続き、1971年にコネチカット州でソドミー法が撤廃されたのを皮切りに、多くの州が廃止へと動き出した。

1977年にはゲイを公表していたハーヴェイ・ミルクがサンフランシスコ市議に当選し、LGBTQをカミングアウトした最初の公人となる。彼は翌年暗殺によって悲運の死を遂げるが、それでも、同性愛を理由に教員を解雇できる州の条例「条例6」の廃止に尽力した。今、ミルクの住んでいたカストロ地区は全米最大規模のLGBTQフレンドリーな街として繁栄し、サンフランシスコ国際空港のターミナルには彼の名前が冠されている。

シカゴでも、同性愛者への不動産貸し渋りや警官による不当な暴力が横行する中で、1970年代にLGBTQコミュニティが中心となり、ハルステッド通り沿いに医療施設や、居住スペースを開発する運動が展開された。バーも多く開店し、単なる娯楽施設としてではなく、結束を高めるコミュニティ・スペースとして大きな役割を果たした。当初「ニュータウン」と呼ばれた街は、1970年代以降、多くの活動家の尽力で「ボーイズタウン」と呼ばれる「安全」な街に成長した。**シカゴ市は1997年、ボーイズタウンをアメリカで初となる、公式なゲイタウンとして承認した。**今でも、レインボーの旗で溢れる道にひときわ大きくそびえるモニュメントには、この街の発展に貢献した多くの人々の名前が刻まれている。

そしてニューヨークでも反乱翌年の1970年6月、最初のプライド・パレードが行われ、以後慣例化する。そして、ストーンウォール・インから30年が経った1999年、ビル・クリントン大統領は就任演説の際、

「アメリカでは6月はプライド月間だ」

と宣言した。

## それでも終わらないヘイトクライム

しかし、今なおLGBTQへの差別や偏見が根絶されたわけではない。近年、**ヘイトクライムが過激化**し、また「反ウォーク」の流れと結びつく中で保守派を中心とした層による権利制限の主張が展開されている。

2016年にはフロリダ州オーランドのゲイ・クラブ「パルス」でLGBTQを標的にした銃乱射事件が起こり、50人が亡くなった。2022年にもコロラド州コロラドスプリングスの「クラブQ」で銃撃事件があり、事態の深刻さを全米に知らしめた。今年のシカゴのプライド・パレードに際しても、在シカゴ日本国総領事館から在米邦人に対し

「LGBTQ+関連イベントを狙ったテロへの警戒」という注意喚起のメールが届いた。

企業も近年、そのスタンスをめぐって双方からの批判にさらされ、むずかしい判断を余儀なくされている。

小売り大手の「ターゲット」は、毎年プライド月間に、レインボーのデザインのTシャツやマグカップなど関連商品を売り出すが、2023年撤去を要求する脅迫や嫌がらせが相次いだため、「店員の安全を守るため」という理由で、一部店舗での商品の撤去という判断に踏み切った。

その影響もあってか「スターバックス」は昨年、一部の店舗でプライドの装飾を禁止する措置を取ったが、同社の労働組合はSNS上で告発。その結果、150店舗がストライキに突入することが発表された。

また、アメリカ最大の小売売上高を誇っていたビール「バドライト」は昨年3月、広告にトランスジェンダーのインフルエンサー、ディラン・マルベイニーを起用すると発表したが、これに保守層が猛反発。とりわけ主力購買層の白人男性を中心とした不買運動へと発展した。共和党支持を表明している歌手のキッド・ロックは自身のSNSに、バドライトの缶をライフルで撃ち抜く動画を投稿し、抗議の意を示した。

4月、親会社「アンハイザー・ブッシュ・インベブ」の株価は約15%下落し、時価総額も２００億ドル近く減少した。この時期、バドライトの小売売上高は前年同時期と比べ24・４％減少し、20年間守り続けてきたトップの座をメキシコ系のビール「モデロ」に譲り渡した。

性自認をめぐっても大きな議論が展開している。近年、アメリカでは**自己紹介の際に名前に加え、「Pronouns（代名詞）」を伝える**ことが一般的になってきた。私の場合でいうと、性自認は男性であり、周囲からも男性として呼称してほしいため、「My pronouns are he and him.」と言い、プロフィール欄には「he/him」と書く。この「Pronouns」は自身で決定することができ、それを表明することで他者にも、見た目でのジャッジを避けさせ、困惑を招かなくさせるねらいがある。

すべての人々が男女どちらかのジェンダーに属するという「性別二元論」も否定される中で、どちらにも当てはまらない、もしくは当てはめたくない「ノンバイナリー」を表す代名詞として**「They」**も登場した。２０１９年、大手辞書サイト『メリアム・ウェブスター』でその年もっとも検索された言葉にこの「They」が選ばれ、人々の関心の高さをうかがわせた。

保守層の中にはこうした流れに反対意見を表明する者も少なくなく、２０２２年１月にはフロリダ州で、子どもが学校で性自認を議論することを禁じるいわゆる「Don't Say Gay法」が成立し話題を呼んだ。

ＬＧＢＴＱの権利を推進するバイデン政権の成立以降、多くの支援の動きが活発化する一方で、反対派はより声を大きくしながら批判を繰り返してきた。この**「Cultural War（文化戦争）」**は過去にないほどに緊張を強め、正念場を迎えている。

今、ちょうど外ではパレードの参加者がグロリア・ゲイナーの『I Will Survive』を合唱している。

そして、シカゴに現存するもっとも古いゲイバー、サイドトラックの前には手書きの看板が掲げられていた。

「バカ騒ぎだけの『プライド』にはなんの意味もない。この『戦争』を生き抜こう。私たちの『プライド』とともに」

# 10 チョイスとライフのはざまで——人工妊娠中絶

「みなさん、明日は母の日です！　あなたが母になりたくても、そしてなりたくなくても」

2022年5月7日に放送されたコメディ番組『サタデー・ナイト・ライブ』で、ニュースキャスターに扮したコメディアンのコリン・ジョストが放ったこのジョークに、会場の観覧客からは笑い声とどよめきが起こった。

この放送の数日前の5月2日、政治専門メディア『ポリティコ』に最高裁判所の人工妊娠中絶の権利をめぐる意見書草案のリークが掲載された。記事は、**1973年に最高裁が女性の人工妊娠中絶の権利を認めた、いわゆる「ロー対ウェイド判決」**が覆される可能性があり、そうなれば多くの州で女性が中絶にアクセスする権利を失うことになる、と伝えた。

この草案は同年2月に最高裁内で作成されたもので、その資料の中でサミュエル・アリート判事は「ロー対ウェイド判決」に対して「極めて脆弱で、アメリカの伝統的価値観から逸脱しており、間違ったものだ」と述べた。

## 中絶権賛成派「プロ・チョイス」と反対派「プロ・ライフ」

そもそもアメリカ国内では伝統的に、人工妊娠中絶をめぐり、大きく意見が分かれてきた。**女性の選択の権利を優先する中絶権賛成派は「プロ・チョイス」、胎児の命を重んじる反対派は「プロ・ライフ」**と呼ばれる。

南部や中西部を中心とする保守的な州においては、中絶はキリスト教の教義に反するため、これまで州法によって禁じようとする動きが取られてきた。近年では、ルイジアナ州やテキサス州、ジョージア州など多くの州で、胎児の心音が聞こえるようになってからの中絶を禁止する、いわゆる「ハートビート法」が成立し、大きな議論と批判を呼んだ。

そして、たとえレイプなどによる望まれない妊娠の場合でも中絶を禁じるばかりか、執刀した医師にはレイプ犯よりも重い禁錮99年が課される可能性があることから、各地で大きな抗議運動に発展していた。アメリカは未婚の10代の母の数が先進国の中で最も多く、貧困や育児放棄も社会問題となっている。

これまで、最高裁のこの「ロー対ウェイド判決」が最終的な憲法判断の根拠となり、先述の州法を訴訟で差し止めることが可能だったため、プロ・チョイスにとって一種の「砦」として機能してきた。

最高裁では大統領によって指名、任命された9人の判事の合議制によって判断が行われるが、判事は基本的に終身制。トランプはその在任中に3人の保守系判事を指名し、自身を繰り返し「歴代でもっともプロ・ライフの大統領」と評してきた。

現在は保守6人にリベラル3人という構成で、保守に有利な判決が出やすい状況となっている。そのため中絶のみならず、同性婚などの権利も違憲化されるのではという懸念と緊張がリベラル派に広がってきた。

そうしたタイミングでの意見書草案漏洩という事態を受けての冒頭のジョークだったというわけだ。そしてこの年の6月24日、**最高裁は約半世紀ぶりに「ロー対ウェイド判決」を覆し、人工妊娠中絶を違憲とする憲法判断を下した。**

そして、最高裁の決定とともに自動的に州内での中絶を全面的に禁ずる州法、いわゆる「トリガー法」が成立していた13州では、多くの女性が中絶へのアクセス権を失った。**現**

## 在アメリカの女性の3人にひとりは中絶ができなくなっている。

これまでもこうした動きにウーバーやアマゾン、ゴールドマン・サックスなど多くの大企業が女性社員の権利保護を表明し、中絶の禁じられた州から、認められている州への渡航費を福利厚生でカバーするなどの支援策を発表した。

同年に行われた中間選挙でも当然のことながら、人工妊娠中絶は大きな争点となったが、中絶権の擁護を主張する民主党は多くの女性票を獲得し、当初の予想を上回る議席を獲得した。

## 中絶ジョークの伝統

私が身を置くコメディ界でも女性の権利を守ろうとする動きは大きなムーブメントになっている。そもそもアメリカのコメディの歴史を見ていくと「**中絶ジョーク**」はもはやクラシックと言ってもいいほどに、伝統的にステージの上で話されてきた。

古くはレジェンド・コメディアンのジョージ・カーリンが、

「保守でプロ・ライフの連中ってのは、受胎した途端に何がなんでも出産までこぎつけようと、どんな手を使ってでも命を守ろうとするくせに、一度生まれたら、その後の命なんてどうでもいいって思う奴らだ。デイケアも気にしなければ、福祉も、給食も、何もやってくれない。あとは自分で頑張りなさいってね」

と痛烈に、共和党政権の政策への皮肉を交えてネタにした。

現在シーンで絶大な影響力を持つビル・バーも、あくまでプロ・チョイスの立場からそのあり方に疑問を呈してみせる。

「俺はプロ・チョイスの方がしっくりくる。他人から自分の身体にあぁしろ、こうしろって言われたくないからな。でも一方で赤ん坊を『殺してる』わけだろ？　それなのにプロ・チョイスの奴らは『まだ子どもになっていない』って主張するんだ。その主張はどうかと思う。仮に俺がケーキを作ってるとしよう。生地を容器に注いでオーブンに入れる。そしたら5分後に、いきなりお前がやって来て、焼いてる途中のケーキを床に捨てちまうんだ。それに俺が怒って『俺の誕生日ケーキに何してくれるんだ？』って言うと、お前は『いや、まだこれはケーキじゃないから』って言ってきやがる。お前が何もしなかったら50分後にはケーキになってたんだよ。このケーキ殺人鬼が」

近年、その攻めたネタで人気が急上昇中のマーク・ノーマンドは自身の経験をもとにジョークを展開する。

「元カノと中絶のクリニックに行ったら、クリニックの前で抗議する奴らがいて、僕たちに『この人殺しが』って叫んできたんだ。でも、彼女はワイルドで強い女性だったね。手術が終わったあと『さぁ、乾杯してお祝いしましょ』って言うんだ。だから僕は『お腹に何も入ってないと酔いやすいから気をつけてね』って言ったよ」

## 「今から中絶の話をするわね」

こうした男性コメディアンの中絶ジョークは、会場でもときにどよめきとともに、大きな笑いを呼ぶが、やはり女性コメディアンのそれに比べるとやや説得力とリアリティに欠ける。「当事者」でもある女性の視点からの中絶ネタは、独特の趣と奥行きがある。

中でも、映画『続・ボラット』などで脚本を務め、オスカーにもノミネートされたコメディアン、ジーナ・フリードマンがピーコックから配信したライブ・スタンダップコメディ作品『Ladykiller』は意欲作だ。この作品が収録されたのは、先述のロー対ウェイド判決が覆されてから数週間後の２０２２年7月のこと。妊娠27週目で、客席からもお腹の膨みがはっきりとわかる姿で舞台に上がったフリードマンは冒頭から、

「私はこのまま産むつもりだけど……」

と、中絶ネタで観客を摑む。

その上で、アメリカにおいて「母親」というもっとも大変で、もっとも評価されない役割を、誰も強制されるべきではない、と主張する。

そして終盤に差し掛かると、

「今から中絶の話をするわね」

と半ば諭すような口調で客席に向かって話しかけた。

「でも、これから私が言うことに気分を害する人がいるんなら、遠慮なく帰ってちょうだいね。（中絶をできなくするのと同じで）あなたの意に反して何かを強制することは決してしないから」

このジョークに会場は大きな拍手で応える。

**自らすすんで妊娠を継続させるという「チョイス」**をしたフリードマンのジョークからは、強さと信念が感じ取れる。

この作品の配信前、報道陣を前にフリードマンは声明を発表した。

「ロー対ウェイド判決が覆されて以来、私が眠れずに考えていたことのいくつかを話すことができるこうしたプラットフォームがあること、そして特に中間選挙前にそのチャンスをもらえたことを本当に感謝しています」

## 〝13世紀〟の価値観

また、冒頭の2022年5月7日に放送された『サタデー・ナイト・ライブ』では、イギリス人俳優のベネディクト・カンバーバッチが司会を務めた。カンバーバッチは胸にロー対ウェイド判決が出された年でもある「1973」と書かれたTシャツを着てステージに立った。

そして番組冒頭のオープニング・コントは、「最高裁判所のアリート判事は、意見書において、13世紀のイギリスの法律を根拠に、女性の中絶の権利を認めたロー対ウェイド判決を覆そうとしています」

というナレーションで幕を開ける。

13世紀のイギリス貴族を思わせるカンバーバッチが、女性の生殖権の統治法を従者たちと議論する内容で、

「きっと1235年の今、この法律を作っておけばこの先ずっと使い続けることができるんだ」

と自信満々に語ってみせる。

アリート判事が言う「伝統的な」価値観が、およそ800年前の極めて前時代的なもの

であることを痛烈に皮肉ってみせ、改めて番組のスタンスを明確に示した。

そして、本来であれば司会のコメントで迎えるエンディングでは、ゲスト・バンドのアーケイド・ファイアが新曲『End of The Empire II』を歌う中、「１９７３」のＴシャツを着た出演者全員が互いにハグし合う異例の演出を見せた。

アーケイド・ファイアは「私たちは、今が進むときだって知ってるんだ」と歌う。

今、カマラ・ハリスは「Forward（前へ）」を大統領選のスローガンに掲げている。

今後、アメリカは進むのか、はたまた戻るのだろうか。

# 11

# 日本人が影響を与えた銃規制

2022年10月16日、ルイジアナ州バトンルージュの小さな教会でひとりの日本人を偲ぶ会がしめやかに行われていた。彼の名前は「Yoshi Hattori」。読者の中にもその名前を覚えている人がいるかもしれない。

この日から30年前の1992年10月16日。日本人留学生の「ヨシ」はこの町で、銃弾に撃たれ亡くなった。当時まだ生後5ヶ月だった私にはこの事件の記憶はない。それでもこの事件のことは「歴史」の重要なできごととして知っている。

地元の高校に留学していた16歳のヨシはこの日、ホストファミリーでもあり友人のウェッブとハロウィン・パーティーに出かけた。ヨシは映画『サタデー・ナイト・フィーバー』のジョン・トラボルタ、ウェッブは包帯をぐるぐる巻きにしたミイラの仮装でパーティーに繰り出した。しかし、途中で道に迷ってしまったふたりは、誤った家のドアベルを鳴らした。その家の家主、ロドニー・ピアーズは、44マグナムを掲げ、「フリーズ」と言いながら外に出てきた。ヨシがそれを「プリーズ」と聞き間違えて進んでいった、というウェッブの証言もある。いずれにせよヨシは、胸を撃ち抜かれ倒れた。

## ヨシの死が与えた「ブレイディ法」への影響

この事件は当時の日本でもセンセーショナルに報じられ「銃社会アメリカ」という強烈な印象を残した。

ヨシの両親はすぐさまアメリカでの銃規制を訴える署名活動を始める。当初、地元警察は屋内に侵入した不審者を射殺する権利は認められるとして、ピアーズを無罪放免にした。しかし日本領事館やルイジアナ州知事から抗議が入ると、「傷害致死」で起訴した。それでも**1993年5月に行われた刑事裁判では陪審員12人が全会一致で無罪評決**。裁判に要したのはわずか3時間だった。被告が警告したにもかかわらず、ヨシが立ち止まらずに至近距離まで歩み続けたため、脅威を感じ発砲した、というのが弁護側の主張だった。この判決を受け、**日本では抗議運動が高まり、170万もの署名が集まった**。ネットもない時代、電話と郵便、そして地道に足を使って両親が集めた署名だった。

その年、170万の「声」とともに、ヨシの両親とホストファミリーはホワイトハウスを訪ね、ビル・クリントン大統領と面会を果たした。この年はジョン・F・ケネディが凶弾に倒れてからちょうど30年目。銃規制に向けての機運が高まりを見せていた。

服部夫妻との面会の数週間後、議会は**銃規制法案である「ブレイディ法」を可決**した。短銃の購入の際にバックグラウンド・チェックなどを義務づけるなどとしたこの法案は、1981年のロナルド・レーガン大統領の狙撃事件の際、身を挺して守った大統領補佐官の名前から取られている。ブレイディ法成立後、銃の所持率及び、銃による殺人事件増加率は一時的に減少した。

同年12月、当時のモンデール駐日アメリカ大使は服部夫妻の住む名古屋を訪れ、直接ブレイディ法のコピーを渡し、

「あなたたちの努力が、ブレイディ法の可決に非常に決定的な影響を与えました」

と伝えた。

30年余りが過ぎた今、アメリカでは連日、銃乱射事件が新聞の見出しを飾る。

銃犯罪のデータを集める「ガン・ヴァイオレンス・アーカイブ」のデータによると、2021年には銃による「殺人（21349人）」「自殺（26328人）」ともに、その

数字は歴代最多を記録した。それから微減傾向にはなっているものの、**アメリカでは毎年4万人を越す人の命が銃によって奪われ、一日60人が亡くなっている。**

## 銃規制はなぜ進まないか

「規律ある民兵は、自由な国家の安全にとって必要であるから、国民が武器を保有し携行する権利は侵してはならない」

アメリカ合衆国憲法修正第二条、いわゆる**「武装権」**だ。

この条文がアメリカにおける銃規制反対の根拠となり続けてきた。

銃製造業や銃の愛好家の団体である「ＮＲＡ（全米ライフル協会）」は、全米に５００万人を越す会員を持つとされており、その豊かな資金力を背景に、共和党議員へ多額の献金を行い「ロビー活動」をすることで権利を認めさせてきた。

「Guns don't kill people, people kill people.（銃が人を殺すのではない。人が人を殺すのだ）」はＮＲＡによる銃規制反対のスローガンとして１００年以上にわたって用いられてきた。これまで銃乱射事件が起こると、ＮＲＡは護身のためのさらなる銃武装を推奨した。

２０１８年2月14日、フロリダ州パークランドのマージョリー・ストーンマン・ダグラ

ス高校で起きた銃乱射によって17人の命が奪われた。ホワイトハウスを訪れた遺族と面会したトランプ大統領は、

「教師が銃武装すればたちまち解決する」

と提案した。

今、フロリダ州では、144時間の訓練を受けた学校関係者が銃を携行することが許されている。

もちろんトランプもNRAから多額の献金を受けている。NRAは2020年の選挙戦で、トランプの選挙活動に420万ドル、そしてバイデンへの攻撃に1200万ドル以上を注ぎ込んだ。

2018年3月24日、事件から1ヶ月余りが過ぎた頃、マージョリー・ストーンマン・ダグラス高校の生徒たちはワシントンD.C.で「March for Our Lives（私たちの命のための行進）」というイベントを企画し、全国の高校生たちがそれに応えた。各地域で約100万人の高校生たちが、銃規制を訴え行進した。フロリダ州からの彼らの旅費は、元ニューヨーク市長のマイク・ブルームバーグや、テイラー・スウィフト、そしてコンバース社などが支援した。この運動には服部夫妻も日本から参加した。

そして、高校生たちはＮＲＡから献金を受け取っている共和党議員を「キャンセル」し、落選させる**「Vote Them Out（彼らを落選させよ）」運動**を展開した。

同年10月、テキサス州出身の大御所カントリー・ミュージシャン、ウィリー・ネルソンは『Vote 'Em Out』という楽曲を発表し、「私たちにとっての一番の銃は『投票箱』と呼ばれている」と歌い上げ、投票で銃規制反対派の議員を落選させるようにメッセージを送った。

２０２２年、バイデン大統領は28年ぶりとなる超党派の銃規制法に署名した。この法律には、危険人物と見なした人物から銃器を取り上げることができる「レッドフラッグ法」の全州での制定や、銃購入に際してのさらなるバックグラウンド・チェックの強化、メンタルヘルス・プログラムへの支援などが含まれている。

今も、部屋のテレビからは銃乱射のニュースが流れている。

あれから32年。

２０２４年、服部夫妻は今も銃規制の支援活動を続けている。

追記：２０２４年7月13日、大統領選に向け激戦州ペンシルベニア州で演説中だったトランプは、二十歳のトーマス・マシュー・クルックスによって狙撃され、耳を負傷した。トランプは立ち上がり、拳を掲げて「Fight」と叫んだ。銃規制をめぐる状況、大統領選が大きく変わりそうな予感がする。

# 12

# 国内でも意見が二分するブラック・ライヴス・マター

今年6月19日、シカゴは快晴だった。

本書の締め切りが刻一刻と迫っていたが、遅々として進まず、現実逃避がてら外を歩くことにした。摂氏30度を越したこの日、ミシガン湖を臨むビーチは、多くの人で溢れかえっていた。すると、ひとりの黒人青年がすれ違いざまに、屈託のない笑顔で私にドーナツを手渡してきた。彼は他の人にもビーチで無料のドーナツを配って歩いていた。もらったドーナツの包みには「Happy Juneteenth.（ハッピー・ジューンティーンス）」と書かれていた。

## 156年越しの奴隷解放の祝日

2021年6月、バイデン大統領は「ジューンティーンス独立記念日法案」にサインし、6月19日はアメリカでもっとも新しい「連邦の祝日」となった。

ジューンティーンスは「June 19th」を短くした言い方。その起源は19世紀にまで遡る。南北戦争のさなか、エイブラハム・リンカーンが1862年に奴隷解放宣言を行ったことは有名だが、施行されてからも、南部の州では依然として奴隷制度が存続していた。

しかし**1865年の6月19日、テキサス州ガルヴェストンで大統領からの布告により「あらゆる奴隷は自由である」という解放宣言**がなされた。テキサス州は、奴隷解放を受け入れた最後の州ということで、この宣言をもって奴隷制度が終焉を迎えたとみなされている。

それ以後、ジューンティーンスはテキサス州をはじめとする多くの州で**「奴隷解放の祝日」**として祝われてきたが、2021年正式に全州での祝日に認定された。

こうした「連邦の祝日」への登録に向けては、これまで多くの人々が尽力してきた。バラク・オバマがイリノイ州選出の上院議員時代に法案を提出しているほか、民間でもブラック・コミュニティを中心に地道な努力が続けられてきた。

この前年2020年に全国規模で起こった**「BLM（ブラック・ライヴス・マター）」運動**が法制化に大きな影響を及ぼしたことは言うまでもない。

ＢＬＭ運動は、２０１３年、ＳＮＳにハッシュタグ「#BlackLivesMatter（黒人の命も大切だ）」として登場したことに始まる。フロリダ州で黒人青年トレイボン・マーティンが射殺されたのをきっかけにネット上で広まった。

２０１４年7月、ニューヨークの路上でエリック・ガーナーが白人警官に窒息死させられた映像がＳＮＳ上で拡散し、また翌月にはミズーリ州の黒人青年マイケル・ブラウンが射殺される事件も起きると、ＢＬＭは、人種や世代を超えた多くの人々を巻き込んでの大規模な抗議運動へ発展した。この際、警官に首を絞められているエリック・ガーナーが発した言葉とされる、

「I Can't Breathe.（息ができない）」

は、アメリカ社会でいまだにいきいきと生活できない黒人社会の声を表す言葉として、デモのスローガンにも用いられた。

そして２０２０年5月、**ミネソタ州ミネアポリスでジョージ・フロイドが白人警官に窒息死させられる事件**が起きると、再び全国的なＢＬＭ運動に火がついた。「Defund The Police（警察への予算を打ち切れ）」を合言葉に、腐敗した警察組織の解体を求めて多くの人がデモに参加した。そして、この年の6月19日にも集会が各地で行われ「アメリカにおける奴隷制度はまだ終わっていない」という主張がなされた。

２０２０年のＢＬＭは、日本でも抗議運動が行われるなど世界中に伝播したが、アメリカにおけるそれは、２０１４年よりも激しさを増し、テレビでは連日、警官とデモ隊の激しい衝突の様子が流された。ミネソタ州ではティム・ワルツ州知事（現在は民主党副大統領候補）が州兵を投入し沈静化を図る事態へと発展した。デモの最中の略奪や暴動も全国で横行し、人々の安全に対する不安は増していった。

シカゴでも多くの店舗が被害を受け、目抜き通りのミシガン・アヴェニューでは高級店のガラスが割られ、商品が大量に盗まれたことから、多くの店がベニヤ板でショーウィンドウを覆い応急処置をする異様な光景が広がった。

## 国内でも二分した意見

こうした中で、この時期、ＢＬＭに対する意見が国内でも二分していたことは興味深い。この年の11月に行われた大統領選でも、ＢＬＭは大きな争点となった。バイデン陣営が刑事司法制度の改革を訴えると、トランプ陣営は「見せかけのアイデンティティ・ポリティクスだ」と批判した。

アイデンティティ・ポリティクスとは、人種やジェンダー、宗教など、同じアイデンティティの声を代弁して行われる政治のことで、近年保守派は民主党の実践するマイノリティに寄り添う政策に大きな反対の声をあげてきた。

しかし2020年のBLMでは、黒人の論者からも反対意見が噴出した点で強調に値する。

保守の論客として人気を集める黒人女性作家キャンディス・オーウェンズもそのひとりだ。2018年には、民主党からの脱却を促す意味で「Brexit（ブレクジット：イギリスのEU離脱）」の「R」を「L」にした「Blexit」を黒人コミュニティに打ち出し、SNSで支持を得た。彼女はたびたびアイデンティティ・ポリティクスに懐疑的な意見を投げかけ、とりわけ黒人や女性を優遇する「アファーマティブ・アクション」に批判を寄せてきた。黒人や女性を社会的な「弱者」に当て込み、「不利益」を被っているという起点で議論を展開することこそが、黒人の価値を貶めている要因だ、と主張したのだ。

そのため、黒人がアメリカ社会で抑圧されてきたという「誤った」歴史に基づくBLMは、民主党政権の目指す「アイデンティティ・ポリティクスの謀略」でしかないと言い放った。

これに呼応したのはかねてより親交のあったラッパーのカニエ・ウェスト。2022年、パリで行われたファッション・ショーに自身のブランドを引っ提げ、オーウェンズとともに出演したカニエは、背中に大きく「White Lives Matter」と書かれたトレーナーを披露し、会場の度肝を抜いた。この後の度重なるユダヤ人への差別発言でカニエはアディダスやギャップとの契約を打ち切られた。

## 「8分46秒が何の数字かわかるか?」

一方で黒人のコメディアンたちもBLMに対し意見を表明した。ジョージ・フロイド事件から間もない2020年6月、沈黙を破ってデイヴ・シャペルがYouTubeにライブ作品を発表した。タイトルは『8:46』。ジョージ・フロイドが警官から膝を首に押し当てられていた8分46秒間を指す。当時コロナ禍によるロックダウンですべてのショーが中止となる中、自宅のあるオハイオ州に特設ステージを設けマイクを握った。

コメディアンとしての枠組みを超えたオピニオン・リーダーのシャペル。いつになく神妙な面持ちで客席に向かって語りかけた。

「プロテストに参加してる奴らを俺は支持する。8分46秒、これが何の数字かわかるか?

ジョージ・フロイドが警官に首を絞められていた時間だ。彼は自分が死ぬことをわかっていた。俺がロスで経験した地震は35秒だった。それですら死ぬほど怖かったのに、8分46秒もの間、首を絞められて、どれだけ苦しかったろう」

そして、より一層語気を強めて話す。

「こんな状況でコメディアンが言えることは何もない。でも言わなきゃいけないんだ」

普段のショーと比較するとお世辞にも洗練されているとは言えない出来だが、それでもレジェンドが舞台に立ち、笑いを届けようとする姿に多くの人が勇気づけられた。

翌年には『サタデー・ナイト・ライブ』でニュースキャスターを務める黒人コメディアン、マイケル・チェも舞台に立った。

「去年のBLM運動を家で見ていて俺は誇らしかった。黒人が一丸となって抗議したんだから。多少の略奪行為はあったけどな。でもそしたらもっとすごいことが起こっちまった。今年（2021年）1月6日の議事堂乱入さ。あれにはたまげた。俺たち黒人が盗んだのはたかだか量販店のテレビぐらいだったけど、〝あいつら〟は合衆国憲法までをも盗もうとしやがったんだ」

この「あいつら」が白人至上主義者を表すことは想像にたやすい。これまでも黒人の立場から、「白と黒で見るアメリカ」というテーマでジョークを展開してきたチェ。この日、客席にいた白人、黒人の両方が大きな笑いで応えた。

## 黒人はメンタルヘルスのケアも認められなかった

そして終盤、チェはこの国の歴史に言及する。

「最近になってようやく、この国で黒人のメンタルヘルスが認められたんだ。最高のニュースさ！　それまでは黒人が心を病むと、ただ〝クレイジー〟だと言われるだけだった」

テニスの大坂なおみが全仏オープンを、そして体操のシモーネ・バイルズがオリンピックの決勝を、それぞれメンタルヘルスの不調を理由に棄権したことを例に出し、

「素晴らしい時代になった」

と説いてみせる。

現在アメリカでは、5人にひとりが何かしらのメンタルヘルスの問題を抱えているという統計データが出ており、自治体も「メンタルヘルス休暇」の導入などの策を講じている。大坂にしても、バイルズにしても棄権に対する世間の評価は賛否両論だったが、アスリー

トやアーティストという影響力を持つ人々が自身の鬱や不安障害などを公表することで、社会での理解も深まりを見せつつある現状に、チェは好意的な意見を述べる。

そして、こう続けた。

「これを言うと白人は怒るけど、鬱は特権階級の病気だ。鬱が病気だって思うのは、落ち込む必要がないことが前提にあるからだ。黒人が綿花畑で奴隷だったとき、俺たちは毎日落ち込むことなく生きていただろうか？　これこそアメリカが400年間抱えるイカサマの〝歴史〟なんだ。どうしてこれまで黒人のメンタルヘルスを〝やつら〟が認めてこなかったか。それはもし認めたら、なぜ黒人が心を病むことになったか、その根本の理由を説明しなきゃならなくなるからだ」

奴隷制度が「終わり」を告げたのは1865年6月19日。今から159年前のことだ。しかしその時期、黒人の公民権をその後100年間にわたって剝奪する人種隔絶法体制「ジム・クロウ制度」が作られていった。

この国が克服しなければならない歴史は思うよりも深く、険しい。

ビーチの青年の混じり気のない笑顔を思い出しながら食べたドーナツは、果てしなく甘かった。

6月19日、シカゴの劇場セカンドシティで行われたジューンティーンスを祝うライブにブッキングされた。主催の黒人コメディアンからショーの前に言われた。

「今日という日は、お前がこの国で『非白人』として思うことを笑いにして伝えてくれ。ハッピー・ジューンティーンス！」

# 13 SNSが生んだ、ブーマー世代と若者の対立

2024年2月、ニューヨーク市はSNSが若者の精神衛生に危機を及ぼしているとし、SNS大手各社を相手取り損害賠償を求める訴えを起こした。

というニュースをこの日、私はFacebookで目にした。

バレンタインデーの祝祭的機運の中、会見に臨んだエリック・アダムス市長は言う。

「ニューヨーク市は大都市として初めてこれほどの規模の措置を講じ、SNSの危険性について明確かつ直接的に声を上げています」

今回ニューヨーク市が訴えたのは、TikTok、Instagram、Facebook、Snapchat、そしてYouTubeの大手SNSを有する各社。これらのSNSサービスの仕様が原因で、鬱や自殺願望といった心の健康問題が増えたと主張した。そしてそれらに対応するために市や学区、公立病院に多大な負担を生じさせたとして、各社に損害賠償を求めるとともに、予防教育や精神衛生治療に充てる救済措置を求めたのだ。

昨年10月には42の州がInstagramを運営するメタ社を同様に訴えた。主な主張としては、同社がプラットフォームの「相当の危険性」を知っていたのにもかかわらず、それを隠し、中毒性のある機能を使ってユーザーを「陥れた」というものだった。

このように、人々の健康を害し、市の公衆衛生に負担を強いたとする企業に対しての訴訟はこれまでも数多く発生してきた。

近年では、第7項でも触れたオピオイドの蔓延が記憶に新しい。2021年11月、オハイオ州では、大手薬局チェーンのCVS、ウォルグリーンズ、ウォルマートに対し、オピオイドの乱用による薬物中毒の蔓延の法的責任を認める判断が下された。

SNSによる「Emotional Well-being（精神の健康）」への危機でいえば、州や市のみならず、これまで多くのユーザー・レベルでも、各社を相手取った訴訟が行われてきた。

今年1月には連邦上院の司法委員会が、ソーシャルメディアにおける未成年保護をめぐり、大手5社のトップを召喚した。5人の企業トップの後ろには、SNSのコンテンツの影響で子どもが自傷したり自殺したと訴える家族たちが座り、その様子を見つめた。メタ社のマーク・ザッカーバーグが立ち上がって聴衆の方を向き、

「みなさんが経験したことについて謝罪する。ひどいことだ。あなた方の家族が苦しんだようなことは、誰も経験すべきではない」

と語る様子が、これまたＳＮＳで拡散した。

## ニュースは切り抜き動画で

昨年、調査機関の「ピュー・リサーチセンター」が発表したデータによると、アメリカの10代の若者のうち、実に46％がＳＮＳを「ほぼ常時」使用していると回答した。これは２０１５年時の調査と比べると、約２倍の数字だという。

一日のスクリーンタイムも、15歳から20歳は7時間34分、21歳から27歳だと6時間40分と発表された。

この数字を「長すぎる」と見るか「それほど気にならない」と捉えるかは人によって異なるのだろうが、ＳＮＳが多くの人々にとって「生活の一部」として定着していることにもはや異論はないだろう。

ライフスタイルの変化とともにニュースの視聴方法も劇的に変化した。同じくピュー・リサーチセンターが昨年行った調査によると、現在アメリカ人の14％がニュースを

TikTokで定期的に視聴する、と答えた。CNNやNBCなどテレビで放送されたニュースの「Clip（切り抜き）」がTikTokに流れることもあれば、ユーザーが独自にニュースを「語る」動画をアップしている場合もある。

世代で見ると、**18歳から29歳の実に32％がTikTokでニュースを視聴する**と答えており、これは3年前の9％というデータと比べても大きな変化と言える。SNS別ではFacebookが30％、YouTubeが26％、Instagramが16％と続き、スマートフォンでのニュース視聴が当たり前になってきたことが窺える。翻って、出版物でのニュースを好むと答えたのは全体の5％にとどまった。

当然、ニュースの視聴方法の変化は、政治家たちの選挙戦略にも大きな影響を与え、今回の大統領選においても両陣営のSNS戦略は大きな注目を集めている。日本で今夏行われた都知事選が「切り抜き」動画の使い方で話題を集めたように、若い世代に向けたキャンペーンを、トランプ、ハリス両陣営が実践している。

そして今、ソーシャルメディア上で可視化される世代間の軋轢が大きな議論を呼んでいる。

## ブーマー（年長者）VS. ズーマー（若者）

2019年、TikTok上に「#OkBoomer」というハッシュタグが登場した。この言葉は元々ネット上で一部の人々によって使われていたもので、同年ニュージーランドで当時25歳のクロエ・スワーブリック議員が答弁中に年長議員からのヤジに、カウンターとして「Okay Boomer（はいはい、ブーマー世代の人は黙っといて）」と返したことが話題を呼び、年長者の「古臭さ」や「老害っぷり」を嘲笑する際の若者ことばとして定着した。

**「ブーマー」**とは第二次世界大戦中から直後に生まれた「ベビーブーム世代」を指す。日本でいうところの「団塊の世代」に近い。

対して、1981年から1996年に生まれた世代を「Millennials（ミレニアルズ）」、1990年代後半から2000年代初頭にかけて生まれた世代を「Gen Z（Z世代）」と呼ぶ。

スーパーの駐車場やキャンプ施設で上の世代の「古臭い」行動を目にした際、または親の「古い」考えを見たとき、多くの若者がハッシュタグ「#OkBoomer」を用いてそれらに反論し、ネット上で笑い合った。

そして「#OkBoomer」は当初の嘲笑のミームから、しだいに世代間の軋轢を表すシンボリックな意味合いを帯びていく点で興味深い。ワクチン接種の順序や、アメリカが抱える国債、そして気候変動への対応をめぐる議論はブーマー世代と若者に対立構造を生み出し、若者の不満は常にこのハッシュタグとともにSNS上を埋め尽くした。

一方の「ブーマー」たちも、Z世代を揶揄する用語として「Zoomer」を用い「#OkZoomer」がネット上に拡散された。

ちなみにブーマーとして最初に大統領の座についたのは1993年のビル・クリントン。1946年生まれのクリントンは前年の選挙戦で「上の世代」のジョージ・ブッシュ（父）を破って当選し、「若きリーダー」として国民の期待を集めた。クリントンは富裕層への税率を引き上げるとともに「忘れ去られた中間層」というキャッチフレーズを用い、中間層に対しては減税を行った。

その就任式では、ロックバンドのフリートウッド・マックが再結成し、クリントンがキャンペーンソングとして用いた『Don't Stop』を歌い上げた。ほかにもマイケル・ジャクソンにチャック・ベリー、リトル・リチャード、バーブラ・ストライサンドといった錚々たるセレブリティたちが駆けつけ華を添えた。その豪華な「パーティー」をメディアは「アメリカン・ドリーム」として描いた。

このきらびやかでまぶしすぎる就任式に熱狂していたのは80年代中盤に登場してきた都市部に住む若いビジネスマンの富裕層、いわゆるヤッピー（Young Urban Professionals）たち。彼らのハイソでヒップな消費活動がメディアに「切り取られて」取り上げられ、彼ら自身のプライドとおしゃれ心を満たすための欲望が経済を回していく一方で、その流れに乗り切れない人々との間で精神の階級分化は確実に進んでいった。

つまり、都市部で成功を収め散財する「若者」の裏で、スモールタウンで慎ましやかに精一杯の暮らしをする人々との間に大きな溝が生まれはじめた時代である。この時期、「ヒルビリー」や「ホワイト・トラッシュ」「レッドネック」という語が積極的にメディアで使われ出した。

SNSなどない時代、それでも「若き」民主党のホープがセレブたちに囲まれながら豪華絢爛な就任式を行う様子を多くの人々がテレビで見ていた。

その式典でフリートウッド・マックは「立ち止まるな、明日のことを考えよう」「昨日はもうどこかへ去っていったのだから」とどこまでも前向きに歌う。

あのとき、「若者」はアメリカの「明日」をどのように見つめていたのだろうか。

## ブーマー世代のトランプとバイデン

そしてそのとき、クリントンと同じ１９４６年生まれの「ブーマー」であるトランプは、不動産王の名を欲しいままにし、不動産業に飽き足らず興行界にも進出していた。その姿をメディアはこぞって取り上げ、「時代の寵児」と呼んだ。

１９４２年生まれのバイデンもこの頃すでに上院議員として活躍し、ユーゴスラビア紛争におけるアメリカの急先鋒として政界での地位を高めていった。

それから31年後。まさしく「次の世代」のための大統領を選ぶ選挙でその候補者として選ばれたのは、ブーマー世代のトランプとバイデンだった。

トランプを信じる者の多くは、まさにあのときアメリカに「忘れ去られた」貧困層の白人だという。今、トランプはＳＮＳを駆使して旧来のメディアの「嘘」を語り、平易な言葉でアンフェアな現状を打破するために「俺についてこい」と煽る。バイデンは今日もTikTokに投稿し、若者にその「正しさ」をアピールしている。

そして「あの頃」生まれた私たちミレニアルズ、そして生まれてすらいなかったZ世代たちは、自分たちがアメリカにずっと「忘れ去られて」きたことを感じながら、ＳＮＳでブーマーたちのニュースを観る。

世代間でいがみあっても何も起こらないことは、きっと誰しもわかっている。しかし、あのときフリートウッド・マックの歌った「明日」はやってこなかったし、「昨日」もどこへも消え去らなかった。

今アメリカの「若者」の心を本当に壊しているのはＳＮＳではないのかもしれない。

# 14

## 「歴史」がキャンセルされる
## ——批判的人種理論

2024年6月、日本のロックバンドMrs. GREEN APPLEの新曲『コロンブス』のMVが日本国内で大きな批判を浴びた。バンドメンバーがそれぞれコロンブス、ナポレオン、ベートーベンに扮し、類人猿たちに西洋の「文明」を教授していくという内容に、無自覚な植民地主義の表れを指摘する声が相次いだ。

事態を重く見た所属レコード会社のユニバーサルミュージックは、翌日MVをYouTubeから引き上げ、またすでにタイアップの決まっていたコカ・コーラ社もその中止を発表した。

一連のニュースは海外メディアも『BBC』や『インデペンデント』などが報じ、「日本のバンドが『コロンブス』という曲で猿のような原住民が登場する〝outrageous（常軌を逸した）〟ミュージックビデオを削除」という見出しで批判的に論じた。これらの英語メディアを通じ、またビデオがSNSでも拡散したことで、アメリカでも大きな話題を集めた。

## 「建国の父」もキャンセルの対象に

これらの「炎上」の伝播の背景として、近年、アメリカで変わりゆく「歴史認識」とそれに対する議論があげられる。

とりわけコロンブスや過去の「英雄」という「歴史」をめぐって今、大きな「文化戦争」が起きている。

ご存じの通り、クリストファー・コロンブスは1492年、「新大陸」を「発見」した。しかし当然ながら、そもそも存在していたアメリカ大陸の「発見」は、先住民の蹂躙の歴史の始点であり、コロンブスの「英雄視」はこれまでも大きな批判を呼んできた。近年では2020年、BLM運動のさなかミネアポリスやボストン、リッチモンドでコロンブス像の撤去が相次いだ。

近年、歴史観の再構築の中で、こうした**過去の「英雄」の銅像の撤去**が相次いでいる。もっとも顕著なのは、南北戦争で南軍の司令官を務めたロバート・E・リー将軍の銅像であろう。南北戦争は奴隷解放を主張する北軍と、それを保持しようとする南軍による内戦だが、南軍の司令官、リー将軍は奴隷制の象徴的存在とみなされている。

そのため各地でリー将軍の像を撤去する動きが活発化し、2017年にはバージニア州シャーロッツビルの公園内に設置された像をめぐり、撤去を目指す勢力と反対する勢力が衝突。死者1名を出す事件にまで発展した。その像は2021年7月に正式に撤去されている。

「建国の父」の功績も今、「キャンセル」の対象になっている。初代大統領ジョージ・ワシントンや、『独立宣言』を起草したトマス・ジェファーソンも過去に大農場主として奴隷を所有していたことにメスが入り、銅像の撤去や、（ネガティヴな文脈での）歴史的再評価が進められている。2020年6月、ジョージ・フロイド事件の直後には、オレゴン州ポートランドの「ジェファーソン高校」でトマス・ジェファーソン像が倒され、スプレーペイントで「ジョージ・フロイド8：46」というメッセージが書き込まれた。

ラシュモア山の巨大な花崗岩に「建国の父」とともにその顔が彫られ、偉大な功績を称えられているセオドア・ルーズベルト像も撤去の対象となった。ニューヨークのアメリカ自然史博物館入り口に設置してあったこの像は、「勇ましい」ルーズベルトがアフリカ系とネイティブ・アメリカンの男性ふたりを「従者」のように引き連れる構図で、白人の優位性を強調していると批判が巻き起こった。当時のニューヨーク市長、ビル・デブラシオ

は撤去に際し、

「この像は黒人と先住民を服従させており、白人が人種的に優位であると露骨に描写している」

と声明を発表した。

こうした一連の撤去は「歴史観」の変化に伴う「歴史の再構築」とみなすことができるが、これに対し、反対派は行き過ぎた「キャンセル・カルチャー」だと、批判を繰り返してきた。

2020年7月にラシュモア山で集会に参加したトランプ大統領は、銅像撤去の動きを、

「私たちの英雄を消し去り、彼らの功績を消し去り、私たちの価値観そのものを消し去り、子どもたちの世代を洗脳しようとする愚かで容赦ない組織的冒涜行為だ」

と断罪した。

その上で、公共の銅像や記念碑への破壊行為に禁錮最長10年を課すという大統領令に署名した。

## アメリカを二分する「批判的人種理論」

アメリカの「歴史」をめぐり、現在の人々を二分するのが**「Critical Race Theory（批判的人種理論）」**だ。この考えはもともと1970年代にアカデミアで登場したもので、社会に通底する差別を、人種と法から批判的に検証するという理論だ。より具体的に言えば、**社会の差別や不平等は、人の心の問題ではなく、制度や法律、政策が生み出している**とする考え方のことである。

この理論の提唱者は黒人弁護士で、法学者でもあるデリック・ベル。ベルはハーバード大学で教鞭をとり、黒人として同大で初の永久専任となった人物で、その教え子にはバラク・オバマもいる。アメリカで黒人が経験する社会的な不平等の是正にその生涯を捧げたベルが提唱した批判的人種理論は、やはり黒人奴隷制度にその批判の矛先を向ける。アメリカという国家の繁栄の前提には、白人による黒人の搾取が存在していることを批判し、その上で、法制度の諸改革を訴えた。

批判的人種理論はアカデミアの世界では知られていたものの、近年まで多くのアメリカ人は、耳にしたことさえなかったに違いない。大きな注目を集めるようになったひとつの要因は、2019年『ニューヨーク・タイムズ』が行った連載『1619プロジェクト』

だろう。この連載は、アメリカの建国を1619年、つまり最初の黒人奴隷がバージニア州の海岸に降りたった日と定め、黒人の歴史にスポットを当てながらアメリカの歴史を見つめ直そうとする企画だった。これにより、1776年の『独立宣言』に起点を見出す従来の白人中心の歴史観を相対化し、建国と発展のものがたりを再構築するねらいがあった。このナラティブは黒人のみならず、白人の有識者にも好評を博し、記事の監修を行ったニコル・ハンナ＝ジョーンズは翌年ピュリツァー賞を受賞している。

『1619プロジェクト』はほどなく小中学校での読み物や高校での歴史の教科書として再編され、教材化していく。NACPPやピュリツァー財団も積極的に支援を行い、またBLM運動の高まりとともに、批判的人種理論は急速に学校教育に導入されていった。

こうした中で、保守派は「白人の子どもたちに無意味な罪悪感を与えかねない」「分断を煽る」とその導入に反対した。学校現場における具体的な批判行動は次項で詳述するが、多くの州で社会そのものを揺るがした。

## 歴史観への「寄り添い」疲れ

社会を反映するエンターテインメントにも批判的人種理論の色が見て取れる。2024

年のアカデミー賞で脚色賞を受賞した映画『アメリカン・フィクション』もそのひとつだ。

主人公は、医者の家に生まれ育ったハーバード大学出身のインテリ黒人作家モンク。洗練された文体で良作を発表するもヒットに恵まれない彼は、半ば自暴自棄になりながらステレオタイプ化された黒人を主人公にした小説『ファック』を描く。ドラッグやギャング、銃に貧困と、黒人の「リアル」を詰め込んだ本作はまさかの大ヒット。とりわけ白人読者からは「本当の黒人の声」を表現していると絶賛される。自身の表現したい本当の黒人の姿と、世間の求める黒人の像のギャップに苦々しい思いをするモンク。

文学賞の選考シーンが示唆にとむ。審査員として選ばれた3人の白人作家と、2人の黒人作家（そのうちひとりはモンク。偽名で出版したため、自身の作品も〝審査〟する羽目に）が『ファック』を評するが、白人作家は「リアルで」「ガッツあふれ」「えぐられる」と激賞。対するモンクを含めた黒人作家は「魂がない」「罪悪感から逃れたい白人のために書かれている」作品とこき下ろす。

そしてこの「罪悪感」こそ、まさに奴隷制度という「原罪」を白人が背負いながら生きているという批判的人種理論に基づいている。批判的人種理論はリベラルな白人層にも浸透し、忌まわしき歴史にさえも「寄り添い」「見つめ直す」姿勢を見せようとしてきた。

しかし、ＢＬＭの際、ブラック・コミュニティからは「この運動は白人や、白人が所有する企業や自身の経済的メリットになるから動いているだけの偽善だ」という声も聞かれた。**批判的人種理論の浸透で、「寄り添う」アクションを見せている白人や白人が多数を占める企業もが今たいへんに疲弊している**ことは非白人の私たちの目にも明らかだ。

その疲弊や居心地の悪さから逃げられるように、「悪い」黒人が出てくる作品を手放しで評価する白人、という像を黒人からの視点で絶妙に皮肉る本作。最後は結局、多数決という「民主主義」の原理により、黒人作家ふたりの意見は通らず、『ファック』が最優秀賞を受賞する。これはまさに今、アメリカの現実社会で起きている「リアル」な日常であり、決して『アメリカン・フィクション』ではないのである。

社会と背中合わせのエンターテインメントを作る身として、歴史そのものを理解し、歴史観を理解し、そして歴史の「議論」を理解することは非常に意義深いと感じさせられる。その議論の先の作品を紡ぎ、私たちはお金を稼ぐのだ。

今日も、歴史の延長線にある舞台に立って貰ったギャラの1ドル札に描かれている皺くちゃなジョージ・ワシントンの顔を今、帰りの電車の中で見つめている。

# 15

# ゲイと言ってはいけない法
## ——教育に政治はどれだけ介入するか

2022年1月31日、ウーピー・ゴールドバーグが「炎上」した。

「ホロコーストは人種の問題ではない。私に言わせりゃ、ふたつの白人グループの争いなの」

自身が司会を務める朝の情報番組『ザ・ビュー』の中でこのように持論を展開すると、すぐさまユダヤ系の人権団体をはじめ、多くの人々から批判が寄せられた。

映画『天使にラブ・ソングを…』などのヒット作で知られるベテラン女優の「炎上」ニュースは当時日本でも取り上げられた。しかし、その発言にいたるまでの「議論」を報じたメディアは少なかった。

### 急速に進む「批判的人種理論」排除

この日番組では、テネシー州マクミン郡の教育委員会が教科書からある作品を除外する決定を下したというニュースを紹介していた。その作品の名前は『マウス――アウシュヴィッツを生きのびた父親の物語』。そのタイトルからも明らかなように、ユダヤ人の筆者アート・スピーゲルマンの父の戦争体験を描くノンフィクション・コミックだ。ユダヤ人をネズミに、ナチスをネコとして描きながら、壮絶なホロコーストに真正面から切り込んだ意欲作で、1992年にはピュリツァー賞も受賞している。『マウス』はこれまで伝統的に中学校の教科書としても読まれてきたが、この年、郡の教育委員会は「言葉遣いが過激」で「殺人や暴力などの描写」があるため中学生にはふさわしくない、と除外を決めた。

その背景には前項で述べた批判的人種理論への反対運動が大きく関係している。白人に罪悪感を与えかねない、と批判的人種理論を否定する近年の動きが『マウス』の除外につながったことはもはや明らかだった。

それゆえ、この決定に対し、黒人コメディアンの草分けとして、さまざまな差別を乗り越えながらフロントラインで活躍し続けてきたゴールドバーグは強く反対した。番組の中でも、

「私は除外の判断を残念に思う。扱っているのはホロコーストという残虐な歴史。そんな

とってつけたような理由で『マウス』を排除するのは間違っている」と指摘。その上で、あくまでも黒人の視点から「白人至上主義」とも取れる批判的人種理論否定の流れを批判すべく、ホロコーストに対する私見を述べたのが冒頭の「失言」というわけだ。あまりの憤りに勢い余って口走ったコメントが、本人からすれば予想外の方向からの批判を呼んだ。いずれにせよゴールドバーグにはこの後、二週間の出演停止という「謹慎」処分が下された。

このように、**批判的人種理論を排除する流れ**は今の教育現場で急速に進んでいる。2022年にはフロリダ州で、申請のあった132種類の算数の教科書のうち、およそ4割に当たる54冊が不採択になった。不採用になった教科書には批判的人種理論が含まれていたという。かねてから批判的人種理論に対して剝き出しの対抗心を見せてきたロン・ディサンティス知事。州の管轄下にある「教育」という分野で、その政策を存分に発揮してみせた。

教育現場における批判的人種理論の受容が選挙戦の大きな争点になった州もある。2021年に行われたバージニア州知事戦では、反批判的人種理論を掲げる共和党のグレン・ヤンキンが、民主党のテリー・マコーリフを下した。その際、ヤンキンを熱烈に支持したのは「批判的人種理論に反対する親の会」というＮＰＯだった。

連邦レベルでも２０２０年7月にはトム・コットン上院議員によって、『１６１９プロジェクト』を採用する小中学校に連邦政府の資金や助成金が給付されることを禁じる「２０２０年アメリカ史救済法」という法案が提出された。

そして同年9月、トランプ大統領は、「批判的人種理論が国家を分断している」と述べ、連邦政府機関内でアメリカに差別構造が存在すると示唆するトレーニングを行うことを禁じる大統領令に署名した。（バイデンが大統領就任後、撤廃）

## 「ゲイ」と言ってはいけない法

性教育をめぐっても意見が分かれている。現在、29州とコロンビア特区では性教育が義務化されているものの、保護者の同意が必要な場合も多い。このうち「教育内容が医学的事実に基づくべき」と定められているのは22州で、セクシャルマイノリティについて話す規定が定められているのはわずか11州にとどまる。

２０２２年、フロリダ州で成立した「Don't Say Gay法（ゲイと言ってはいけない法）」

も記憶に新しい。初等教育における性的指向や性自認に関する「議論」そのものを厳しく制限したこの法は全国的な注目を集めた。

フロリダ州にディズニー・ワールドを構えるディズニーは抗議の意を示したが、ロン・ディサンティス州知事は、ディズニーへの州内における税制優遇措置を撤廃し、水道や電力の管理権を剝奪するという強硬手段で対応した。

コメディ界も声を上げた。コント番組『サタデー・ナイト・ライブ』では、州法成立後すぐさまケイト・マッキノンがこの法に言及した。

映画『バービー』では奇抜なメイクの「変てこバービー」を演じるなどその変幻自在なキャラクターで人気を集めるケイト・マッキノン。自身もレズビアンであることをカムアウトしている。同番組ではこの日、ニュース風刺コーナーの『ウィークエンド・アップデート』に、キャラクターをまとわないケイト・マッキノン「本人」として登場し、Don't Say Gay法に触れた。

「私はこの法律ができてとても嬉しいの。だって学校でゲイって言えなくなるんでしょ。そしたらもう私の中学校時代みたいに『ゲイだろ』ってからかわれなくなるから」

法律の内容をあえて誤解しているジョークでとぼけるマッキノンに、共演のコリン・ジョストは真相を説明する。すると、その後の会話にことあるごとに「Gay」という単語を挟み込みながら返答するマッキノン。「ゲイと言ってはいけない」法律に、あえてゲイと言い続け対抗してみせた。そして最後には、カメラに向かって、

「子どもたち、もしもゲイと言ってはならなくても、きっと歌うことはできるはず」

そう言うと、ディープパープルの『Smoke On The Water』に合わせ「ゲイ」を連呼した。自身がＬＧＢＴＱ当事者として差別を経験してきた彼女が、あえて変幻自在のキャラクターを捨てて、ありのままの自分として、ありのままであることを訴える言葉には強さと説得力があった。


ちなみに「Don't Say Gay法」の正式名称は「Florida Parental Rights in Education Act（フロリダ州の教育における親権法）」。親が教育にどこまで干渉するのかを定めた法律でもある。その議論は、いつしか、教室を飛び越え、州の境を飛び越え、全国の人々を巻き込んで、大きなエネルギーとなって政治的対立を呼んだ。教育を受ける子どもたちには手の届かないところで、大人たちが干渉し、繰り広げる政治的な議論。教育はいつの間にか政治の武器になっていた。

ウーピー・ゴールドバーグとケイト・マッキノンの「当事者」としての叫びは教育現場に届くのだろうか。

# 16

# 「不法移民」たちがつくるアメリカ

2024年4月8日、アメリカの一部で皆既日食が観測された。南はテキサス州から北はメイン州に至るまで広域な範囲での皆既日食に文字通りアメリカが熱狂した。

私の住むシカゴでも部分日食が観測され、人々は仕事を中断し、遮光グラスをかけながら空を見上げた。各局も太陽が欠けていく様子をライブ中継するとともに、歓喜する人々の模様を全国に伝えた。

そんな中、保守系のメディアとして知られるFOXニュースは「Breaking News（臨時ニュース）」と仰々しいスーパーを用いながら、視聴者に注意を呼びかけた。

「この皆既日食に人々が熱狂し、渋滞が起こる間に、麻薬の密輸業者や不法移民が国境を超えてくることに細心の注意を払わなければなりません。しかも、日食では4分間、空が暗くなりますから余計に注意が必要です」

人々の耳目を集める日食というイベントに乗じて、国境付近の問題を報じたFOXに他のメディアも反応を寄せた。たとえば『ローリング・ストーン』誌は、「FOXニュースは何でもかんでも不法移民と国境問題に結びつけすぎだ」と批判的な見出しで論じた。

夜の帯トーク番組の司会者でコメディアンのスティーブン・コルベアは、「おそらくだけど、本当に不法に入国したいと思ってる奴らは（日食で太陽が隠れて暗くなる4分間じゃなくて）夜まで待つよ」とジョークにした。

## 1か月で30万人の不法移民が拘束

今、国境での不法移民流入はアメリカ国民の最大の関心事と言っても過言ではない。ギャラップが今年4月末に行った世論調査によると、国民の27％が移民問題を最重要問題と回答した。これは経済やインフレ対策を上回る数字で、移民問題が日々の生活にも直結していると考える層が広がったことが窺える。

先日行われた大統領選のディベートでも、激しい議論が展開された。トランプは、「バイデンが国境を開放したせいで、わが国でもっとも安全だった国境は今や世界一危険な場所になった」

と断罪し、「毎日テロリストや囚人がアメリカに流入している」と主張した。

実際、数字的なデータで見ると、**バイデン政権誕生後、約640万人の不法移民が国境を突破しアメリカに流入した**という。昨年12月には、**1ヶ月間の間に過去最多かつ前年同月比20%増となる30万人を超える不法移民が拘束**された。地域で見ると、メキシコやグアテマラ、ホンジュラス、ベネズエラなど中南米地域からの流入が目立つ。政情の不安定な地域から、保護を訴え、メキシコを経由して流入する「キャラバン」と呼ばれる勢力も多い。


バイデン政権もこれまで国境の対策に手を焼いてきたが、今のところ具体的な成果は出ていない。今年6月、バイデンは国境の警備を強化するための包括的な大統領令に署名した。これにより、移民が殺到し、国境管理当局が対応しきれなくなった際に、亡命申請を処理することなく不法移民を立ち退かせることができるようになるという。

バイデンは署名に際し、

「私たちは限界に近づいている。もはや何もしないという選択肢はないんだ」

と説明した。

トランプがメキシコとの国境に建設すると発表した「壁」の建設も部分的にバイデン政権下で再開された。

同時に、アメリカ人と結婚し、すでに10年以上アメリカで生活している不法移民に対しては、強制退去処分から保護する政策を発表した。これにより約50万人が家族と引き離されることなくアメリカに留まり、合法的に働くことが可能になる。

こうした不法移民への救済政策として想起されるのは、2012年、オバマ政権が発表した「DACA（若年移民に対する国外強制退去の延期措置）」であろう。

DACAとは、生まれて間もない頃に不法移民として親とともにアメリカに渡った子どもたちを即座に国外退去にせず、就労許可を限定的に与える措置のこと。これによりアメリカにとどまれることになった人々のことを**「ドリーマー」**と呼ぶ。副大統領時代にこの政策に取り組んだバイデンにとって、今回の救済措置は自身の政策の根幹に位置付ける重要な意味を持つ。

## リベラルな都市に移民を送りつけた

国境に近い南部の州ではより切迫したリアルな問題として人々に受け止められている。これまでテキサス州やフロリダ州では共和党の知事が率先して不法移民の取り締まりを表明してきた。特に中間選挙を前にした2022年、ロン・ディサンティス、グレッグ・アボットの両知事は不法移民をバスや飛行機に乗せ、リベラルな都市に送りつけた。

ニューヨークやサンフランシスコ、シカゴなどの都市は「Sanctuary City（聖域都市）」と呼ばれ、トランプ政権時の移民取り締まりに反対し、これまで積極的に不法移民を受け入れる制度を整えてきた。

南部の州はそこに目をつけ、**バイデン政権や民主党系の知事および市長への抗議の意を示すねらいで、事前の連絡なしに移民を送りつける**策を取った。

シカゴ郊外にも、連日テキサス州からベネズエラ移民を乗せたバスが到着した。彼らの衣食住は市の財源で賄われるため、財政に大きな負担が押し寄せ、州知事や市長が連邦政府へ支援を求めた。イリノイ州知事のJ.B.・プリツカーや、シカゴ市長のブランドン・ジョンソンの声明は連日ローカル・ニュースで紹介されている。財政の逼迫《ひっぱく》のみならず、治安の悪化も危惧されており、現在こうしたリベラルな都市においても、政治のイデオロギーの枠組みを超えてさまざまな議論が展開されている。

## キューバを応援していた「アメリカ人」

そして「移民」たちでさえ、重層的に入り組んだ見解を持つことは興味深い。ロン・ディサンティスが積極的に移民を送りつけていた2023年3月、私はWBC（ワールド・ベースボール・クラシック）の取材でフロリダ州マイアミを訪ねた。

3月18日、ローンデポ・パークで行われた準々決勝はアメリカ対ベネズエラ。人口の72％がヒスパニックで、近年ベネズエラからの移民が数多く暮らすマイアミではこの日、アメリカ代表がアウェー戦を強いられた。スタンドではベネズエラの応援団がカウベルを打ち鳴らし、エネルギーに満ちた応援で試合を盛り上げた。

私の隣の席には、胸に「カラカス」と書かれたユニフォームを着て、ひときわ大きな声援を送る男性がいた。回の合間に話をすると、ベネズエラのカラカス出身のルイスという青年だった。

「僕はドリーマーなんだ」

彼は幼少期、不法移民として両親とともにマイアミに渡ってきたという。オバマ政権の

ＤＡＣＡによって、就労資格と滞在資格を得ると、レストランで職を得た。アメリカ人の妻と結婚し、ふたりの子どもにも恵まれた。そして数年前にアメリカの市民権を獲得したと話してくれた。

「僕はアメリカ人だけど、今日は母国ベネズエラを応援するよ。母国がアメリカを打ち負かすところを観たいんだ」

この日の準々決勝、ベネズエラは惜しくもアメリカに敗れたが、それでもルイスさんはどこか達成感のある表情で、

「ここからはアメリカを応援するけど、もしも決勝で日本とアメリカが当たったら、君に出会ったってことで日本を応援するよ」

と笑って夜のマイアミの街に消えていった。


翌日行われた準決勝のカードはアメリカ対キューバ。マイアミで両国が対戦するのは意外にも初めてのことだった。

キューバ革命以降、マイアミには多くのキューバ系移民が流入し、現在は市の人口の半数以上を占めている。この日も街全体が、アメリカ代表を迎え撃つ圧倒的キューバ優位の雰囲気に包まれていた。

球場に向かうタクシーの中で運転手のレンベルトさんが話しかけてきた。

「あんたはアメリカ人か？」

私が日本で生まれ育った「移民」であることを伝えると、身の上話を聞かせてくれた。レンベルトさんは55年前、3歳のとき家族とともにキューバから渡ってきたという。

「So are you Cuban？（キューバ人なんですね？）」

と聞くと、強い口調で
「No no, I am American now.（違う違う、俺は今はアメリカ人なんだ）」

と正された。

夢と自由を追い求め、両親に連れられキューバから移り住んだ彼は今、「アメリカ人」としてこの街で暮らしていた。しかし、同時にそのアメリカを今、心底憂いていた。

「この国は最近おかしい。毎日毎日、途方にくれる数の不法移民がフロリダに入ってきてるんだ。こんなはずじゃなかったのに」

複雑な歴史から、キューバ系移民の多くが伝統的に共和党を支持しているというデータもある。レンベルトさんの信条はわからない。

車が球場に近づくと、入り口付近ではキューバへの経済制裁停止を呼びかける抗議運動が行われていた。2015年にオバマ政権が国交を回復させるも、トランプ政権時に関係が悪化。バイデン政権は緩和措置を取り続けているものの、両国の課題はいまだ山積みだ。

そして、道に立ち並ぶ売店でキューバの国旗やユニフォームを買い求める「同胞」の列を見ると、レンベルトさんは、

「仕方ない。今日はキューバを応援するか」

と独り言のようにつぶやいた。

「どうしてそう決めたんですか？」と尋ねると、

「俺たちは何にもないままアメリカへ来たんだ。アイデンティティはバットとボールだけだった。ベースボールだけが楽しみだったんだ。そして今日、俺たちのキューバがやっと、アメリカと、俺たちの街で戦うんだ」

と、どこまでも濃厚なスペイン語のアクセントで答えてくれた。

そして降りようとドアを開けると、

「Go！　クーワ（「キューバ」のスペイン語での発音）」

と拳を突き上げた。

この国には今日も夢と自由を求め、命懸けで国境を越える「不法移民」が押し寄せている。そしてたしかに「不法移民」と呼ばれる人々が「暮らし」、彼らが積み重ねた「歴史」がこの国にはある。

# 第3部

# 「エンタメ」から見るアメリカ

本章では、近年の**エンターテインメント**におけるシーンの動きを概観しつつ、アメリカの時流を考えたい。

言うまでもなく、本来「エンターテインメント」とは、人々を「ｅｎｔｅｒｔａｉｎ（楽しませる）」するために存在しているが、近年「分断」の進む国内において、アーティストの発言や作品そのものが「議論」を呼ぶことも少なくない。それはアーティスト自身による意図的な発言による場合もあれば、無意識かつある種「無邪気」な作品が、論争に着火するケースもある。

**「ウォーク」**なカルチャーは、ジャンルの垣根を超えて多くのアーティストに少しずつ、ボディブローのようにたしかな影響を与えた。「ウォーク」だけではない。前章で論じたさまざまな**文化戦争**が社会の価値観そのものに影響を及ぼす中で、エンターテイナーも、そしてエンターテインメント自体もが、少しずつ形を変えている。

それは、たとえば今をときめく**テイラー・スウィフト**の発言やアルバムにも「変化」として表れたし、**マイリー・サイラス**や**ビリー・アイリッシュ**の楽曲がグラミー賞を獲得した事実にも社会を取り巻く状況が起因している気がしてならない。

**大谷翔平**の活躍が目立つMLBに目を移しても、政治がスポーツに大きな影響を及ぼすことが可視化され、アスリートに求められる「像」にも変化がみられている。

クリス・ロックがオスカーでウィル・スミスにビンタされた際の**日米でのリアクションの差**も興味深かった。他者の容姿に言及することの是非や、身体的暴力への恐怖が多方面への議論を呼んだ。

ビヨンセが今年リリースしたアルバムをめぐって巻き起こった批判も、根底にはアメリカという国家が歩んだ歴史が深く関係している。

テクノロジーの進歩、とりわけ**AI技術の発展**は近年のアーティストに「脅威」として大股で忍び寄る。昨年にはAIの利用などをめぐって、ハリウッドの脚本家たちがストライキに突入した。

私自身、コメディアンとして舞台に立ちながら、そうした社会の変化を見つめ人々を「エンターテイン」しようと、ジョークにしてきた。当然ながら、コメディのシーンも時代とともにその色や形を変え続けている。

ポスト・トランプの（そして、トランプ前夜と言うべきかもしれない）時代、エンターテイナーたちの言辞や作品、そして社会のリアクションはどのように変化したのだろうか。

アメリカのエンターテインメントは長らく、まるで映し鏡のように世相を描きながら、「社会」を反映してきた。

現地にアーティストとして身を置く筆者が、人々を「エンターテイン」する視座から、アメリカのエンターテインメントを解説することで、この国の社会にスポットを当てたい。

# 17 モノ申すアスリートたち
## ——切り離せない政治とスポーツ

2021年7月12日、大谷翔平はMLBオールスターのホームランダービーに日本人として初めて出場した。詰めかけた大観衆の前で28発を豪快にスタンドに放り込む様子は日本でも中継され、多くの野球ファンを魅了したに違いない。

この年、オールスター・ゲームが開催されたのは、コロラド州にあるロッキーズの本拠地、クアーズ・フィールド。しかし、当初開催場所としてアナウンスされていたのはジョージア州アトランタにあるブレーブスの本拠地、トゥルーイスト・パークだった。そしてこの会場変更には「政治」が大きく絡んでいる。

同年3月、ジョージア州知事のブライアン・ケンプは、州内での投票に際し、国や州が発行した顔写真付き「ID（身分証明書）」の提示を義務付ける州法に署名した。しかし、ジョージア州では有権者の実に11%にあたる約2000万人が貧困などの理由でIDを所持しておらず、人種別の割合で見ると、とりわけ黒人とヒスパニックがその影響をもっとも受けると言われていた。この州法がマイノリティに対する投票妨害だという批判が巻き起こり、ジョージア州に本社を置くコカ・コーラ社やデルタ航空をはじめとする多くの企業が抗議の意を示した。多くのマイノリティ選手（ヒスパニック系が約30％、黒人が約6％）を抱えるMLBも判断を迫られた結果、コミッショナーのロブ・マンフレッドは翌月、**開催地の変更を発表**した。

この決定に対し、ケンプ知事は、

「MLBが日和見主義のリベラルの嘘に屈した」

と怒りをあらわにし、また保守で知られるテキサス州のグレッグ・アボット知事はMLBに対する抗議の意を示すため、同月予定されていたテキサス・レンジャーズでの始球式をボイコットした。

## 差別的なチーム名を改名

そして奇しくもこの年、ワールドシリーズに駒を進めたのはアトランタ・ブレーブスだった。その際、トゥルーイスト・パークでのブレーブスファンによる応援スタイル「トマホーク・チョップ」が話題になった。元々フロリダ州立大学で始まったこの応援は、観客がネイティブ・アメリカンの斧「トマホーク」を振りかざすジェスチャーを一斉に行うことで知られている。この応援を白人が行うということが、人種差別的だとこれまで批判を集めてきた。しかし、久々のワールドシリーズ進出に湧くアトランタのファンは批判をものともせず、ここぞとばかりにトマホーク・チョップを繰り返した。そしてその様子が連日テレビで映し出されると、ベースボールの枠組みを超えて賛否を呼んだ。USAトゥデイの名物MLB記者、ボブ・ナイチンゲールは、

「今後『ブレーブス』の文字を記事の中で一切用いない」

とまで明言した。

ネイティブ・アメリカンをめぐっては近年、いくつかのチーム名が差別的だという理由で変更を余儀なくされた。2019年、NFLのワシントン・レッド・スキンズは「赤い肌」という表現がネイティブ・アメリカンへの蔑視表現だとする長年の声を反映し「ワシントン・フットボール・チーム」への改名を決定した。（現在はワシントン・コマンダーズ）

MLBのクリーブランド・インディアンスもワフー酋長の描かれたロゴとチーム名を廃止し、2022年シーズンからは「クリーブランド・ガーディアンズ」としてプレーしている。

## アスリートの「声」への賛否

ここまでポリティカル・コレクトネスを推し進める時流にチームや機構が対応してきた事例を見てきたが、**アスリート個人の発言や行動が話題を集めたケース**もある。

もっとも人々の印象に残っているのはNFLサンフランシスコ49ersのQBコリン・キャパニックだろう。2016年、警官による黒人の射殺に抗議の意を示すべく、国歌斉唱の際、起立せず膝立ちになったのだ。こうした行いは「Kneeling（膝突き抗議）」と呼ばれ、物議を醸した。トランプ大統領は自身のSNSでキャパニックの態度を批判。BLM受容をめぐる大きな議論にまで発展した。結局このシーズンの後、フリーエージェントとなったキャパニックにオファーを出したNFLチームはなかった。

キャパニックに賛同を示したアスリートのひとりにアメリカ女子サッカー代表の元キャプテン、ミーガン・ラピノーがいる。ラピノーはかねてからトランプの政策を批判しており、2019年にワールドカップで優勝を果たし、ホワイトハウスに招かれた際にも拒否した。レズビアンであることを公表している彼女は、昨年にはパートナーでバスケットボール選手のスー・バードとともに議会に公開書簡を提出し、共和党の提出したトランス女性が学校で行われる女子スポーツの試合に出場することを禁じる法案に抗議した。

一方で保守派のアスリートもその「声」を表明してきた。

たとえば今年5月には、カンザス州のカトリック系の大学、ベネディクティン・カレッジの卒業式に招かれたNFLカンザスシティ・チーフスのハリソン・バトカーの祝辞が話題を呼んだ。敬虔なカトリックであるバトカーはその20分間の祝辞の中で、学生に向かって、

「悪い政策や稚拙なリーダーシップが、私たちの人生の大事な局面に悪影響を及ぼしてきたのです。中絶、体外受精、代理出産、安楽死、そして昨今メディアが退廃的な価値観を支持する機運が高まりを見せていることは、世界の秩序を破壊しているのです」

と、矢継ぎ早にバイデン政権の政策、人工妊娠中絶の権利、そしてウォーク・カルチャーを否定してみせた。

さらには、LGBTQの権利にも話を展開する。

「真のプライドとは、プライド月間のような『大罪』ではなく、神を賛美するために聖霊と協力することなのです」

そして、最後には女子学生に向かって、

「女性として最大の幸せは主婦になり、子どもを育てること」と締めくくった。バトカーの自身の宗教観や倫理観に根ざしたスピーチはその信条を表明したに過ぎないが、この祝辞の動画は瞬く間に拡散し、多くの反響を呼んだ。保守派はこのスピーチに賛同の意を示し、一時彼のユニフォームの売上はチームで一位に躍り出た。

一方で、プライド月間を「deadly sin（大罪）」といういかめしい語で批判したことなどから、LGBTQの人権団体GLAADは声明をリリースし、「アメリカの価値観と大きくかけ離れている」と非難した。

プライド月間をめぐってはアスリートから多くの意見が出ている。昨年MLBワシントン・ナショナルズでプレーしていたトレバー・ウィリアムズはロサンゼルス・ドジャースが主催する「プライド・ナイト」のゲストをめぐって持論をSNSに投稿した。

毎年、6月のプライド月間には各チームがレインボーのリストバンドを装着したり、LGBTQの権利向上に貢献したゲストを招いたりと、改めてその啓発を行うイベントを開催している。自身が敬虔なカトリックであることを公言するウィリアムズは、ドジャースがゲストとして発表したシスターズ・オブ・パーペプチュアル・インダルジェンスという団体に不快感をあらわにした。

このシスターズ・オブ・パーペプチュアル・インダルジェンスは1970年代から、カトリックのシスターの格好をして、性の解放やセーフセックス、HIVの予防、そしてLGBTQの権利向上などを訴えてきたパフォーマンス集団。シスターの装束を身に纏ってはいるものの、白塗りや奇抜なメイクなどある種のドラァグ的な表象で、カトリックの教義への疑念を揶揄しつつ皮肉にすることで、その欺瞞を風刺している。

ウィリアムズは自身のSNSに長文を投稿し、招聘を批判した。

「今回ドジャースは、カトリック教徒が最も大切にしている伝統や信念の多くを著しく軽んじ、公然と揶揄しているこのグループを祝福しています。あるグループが他のグループの犠牲の上に成り立ち祝福されるという環境は、非生産的で誤っています」

この投稿にも賛否が寄せられ、のちにウィリアムズはニュース番組に出て釈明を行った。

## リスクを承知で意見表明

翻って、プライド月間への積極的なサポートを示し続けてきたＭＬＢ選手もいる。最も有名なのは、オーストラリア出身で現在はボストン・レッドソックスで投手を務めるリアム・ヘンドリックスだ。２０２１年シーズン終了後、当時フリーエージェントとなっていたヘンドリックスはシカゴ・ホワイトソックスとの交渉が大詰めを迎えていたが、その際「ホワイトソックスはプライド・ナイトを実施しているか」とフロントに尋ねたという。それ以前からＬＧＢＴＱのサポートを表明してきたヘンドリックスは、「もしプライド・ナイトをやってない球団なら、そんなところには行けない」と語り、移籍成立後もレインボーの旗を掲げた写真をＳＮＳに積極的に投稿した。すると、本人曰く「ゾッとする」批判が数多く寄せられたという。

それでもマウンドではホワイトソックスのクローザーとして腕を振りつつ、グランドの外でも積極的に発信を繰り返した。

２０２２年の独立記念日にシカゴ近郊のハイランドパークで銃乱射事件が起き、多くの犠牲者が出た際には、銃規制について触れ、「バックグラウンド・チェックが緩すぎる。オーストラリア人の私でもいくつかの州では銃が買えるというのはどう考えてもおかしすぎる」と意見を表明した。

アメリカ人ではない立場からの物言いに、銃規制反対派は当然批判を寄せた。

前章で述べたように、意見が大きく分かれるトピックに対しても、リスクを承知で考えを述べるのは、ヘンドリックスの信条と言える。

2023年1月、ヘンドリックスは血液のがん、非ホジキンリンパ腫の闘病を公表した。その際、声明文冒頭でのコメントが彼のスタンスを物語っている。

「プロのアスリートとして、私は常に、自分自身や妻、そして家族にとって身近な原因や問題に光を当てることで、世間の目にさらされる自分の立場を可能な限りポジティブな方向に利用しようと心がけてきました。そのやり方に則り、病についても公表することにしました」

この公表の後、MLBやホワイトソックス球団、そして多くのMLBチームがヘンドリックスへのサポートを表明した。そして同年5月、ヘンドリックスはリハビリを終え、復帰登板を果たした。シカゴのスタンドは、大歓声とスタンディング・オベーションで彼を迎えた。MLBの公式アカウントにも「おかえり」というタイトルで動画が投稿された。

今年、ボストンと契約を交わしシカゴを去ったが、今でも街には「Hendriks 31」のユニフォームを着るシカゴアンが多くいる。

誰が言ったか「スポーツと政治は切り離すべきだ」という言葉がある。

ただ、今のアメリカで政治とスポーツを切り離すことは簡単ではない。文化戦争の戦火はたしかにスポーツにも飛び火している。

そして今、アスリート自身が声を届けてもよいという時代から、声を届けなくてはならない時代へと明確に変わろうとしている。影響力のある存在ゆえに、政治を含めた身の回りのできごとに自らの考えを持ち、それを表明すること。たとえ意見の分断によって批判されるリスクがあっても、口をつぐまない「強さ」を持つこと。

それがアメリカにおける現代のアスリートのあり方なのかもしれない。

# 18

# テイラー・スウィフトが政治的発言をする理由——セレブリティのイメージ戦略

「今日3月5日、テネシー州を含む16州で予備選挙が行われます。まだ投票に行っていない人は、計画してね」

今年3月、テイラー・スウィフトは予備選挙の山場である「スーパー・チューズデー」を前に、自身のインスタグラムのストーリーズでファンに向かってこう呼びかけた。

昨年『タイム』誌の選ぶその年世界でもっとも影響を与えた人物「Person of The Year（今年の人）」にアーティストとして初めて選出されたテイラー・スウィフト。まさに今をときめく彼女の呼びかけは、実際の数値でみても有権者に大きな影響を与えたことがわかる。昨年9月、全国有権者登録日に自身のＳＮＳで投票を呼びかけた後、オンライン登録サイトの「Vote.org」は前年と比較して登録数が22・５％増加したと報告し、投稿のわずか1時間後に、同サイトの参加者数が１２２６％急増したことを示した。

## 政治的発言に慎重だったテイラー

しかし、テイラー・スウィフトは2006年のデビュー以降、2018年にいたるまで、政治的発言を行うことは極めて稀であったことは興味深い。その背景のひとつには**カントリー・ミュージシャン出身**という彼女の音楽的出自が関係している。

カントリー・ミュージックでは伝統的に南部のテネシー州ナッシュビルにスタジオやレコード会社が集中しており、主なリスナーは「保守」の「白人層」、とりわけ「男性」だと信じられてきた。実際、これまでも多くのカントリー・シンガーたちが共和党への支持を明確にしてきた。

2003年には、当時シーンの先頭を走っていたテキサス州出身の女性カントリーグループ、ディクシーチックスが、

「イラク戦争を起こしたブッシュ大統領と同じテキサス出身であることを恥ずかしく思う」

と発言すると、多くの批判が起こり、複数のラジオ局で彼女たちの曲がボイコットされた。

セレブリティが自身の政治的信条を比較的自由に表明しうるアメリカにおいても、カン

トリー・シーンでの不自由さが印象づけられた。

そうした状況の中で、カントリー・ミュージシャンでもあり、女性でもあるテイラー・スウィフトは長らく政治的発言に慎重な姿勢を崩さずにきた。


しかし、ここで興味深いデータがある。音楽学者、大和田俊之氏の著書『アメリカ音楽の新しい地図』（筑摩書房、2021年）によると、2010年代以降、カントリーのシーンが「リベラル化」したという。

2011年に開催されたビルボード・カントリー・ミュージック・サミットで公開された数字では、カントリーファンのうち男性が48％、女性が52％というデータが出ている。年齢層で見ても、マジョリティは18歳から34歳までの若年層だった。

2014年のニールセンの調査でも、過去10年間に18歳から24歳までのファンが54％増加し、ヒスパニックのファン層が25％増ともっとも大きかった、とある。つまり、カントリーのファン層が「若年化し、女性化し、多民族化」したのである。

そうした時代の変化に敏感に対応し、テイラー・スウィフトは自身の政治的言辞を変化させてきたとも言える。それは、女性やマイノリティ、LGBTQに対して差別的な発言を繰り返すトランプという大統領の時代、より明確な言葉で示されることになる。

テイラー・スウィフトが最初に政治的なコメントを発表したのは2018年の中間選挙を前にした10月。自身のインスタグラムに、

「これまで私は、自分の政治的意見を公言することに消極的でしたが、この2年間で私が経験したこと、そしてこの世界で起きたいくつかの出来事のせいで、今はまったく違う気持ちになっています」

と投稿した。その上で、

「私はこの国でいまだに有色人種に対する体系的な人種差別が存在していることを、おそろしく、気持ち悪く感じています」

と述べ、共和党からテネシー州上院議員に立候補していた女性マーシャ・ブラックバーンへの不支持を表明し、民主党候補への投票を呼びかけた。

他にも同性婚禁止への動きや、「女性への暴力防止法」への反対票などを痛烈に批判し、自身の政治観を明確に示した。

この投稿は当時、音楽界のみならず大きな波紋を呼び、保守層からは「音楽だけやっていればいい」や「政治に足を踏み入れるな」というおよそ予想されうる批判が寄せられた。トランプはこのとき、

「テイラー・スウィフトの音楽を25％嫌いになった」

と切り捨てた。

しかしテイラー・スウィフトは、この後、より「リベラル化」したカントリー・シーンの中で、そしてカントリー・シンガーから「ポップ・アイコン」として、その政治的な色を強めていくことになる。

その年に起きたフロリダ州パークランドの高校での銃乱射事件に際しても、「March for Our Lives（命のための行進）」をサポートし、高校生のフロリダ州からワシントンD.C.までの旅費を負担した（第11項参照）。

２０１９年にはＬＧＢＴＱに対する「Equality Act（平等法）」が下院を通過した際、上院議員に請願書を書き、ファンにも「#lettertomysenator（私の上院議員へ）」で拡散を呼びかけた。

他にも、プロ・チョイスの表明や、人工妊娠中絶の権利の呼びかけ、ＢＬＭ支持などリベラルの政治視点を積極的に表すと、２０２０年の選挙戦では満を持してバイデン支持を明らかにした。

ご存じの通り、テイラー・スウィフトはこの後、２０２２年にはビルボードのヒットチャート「Hot 100」で史上初となるトップ10を独占するなど快進撃を続け、今も都市部はもちろん、保守層の多く住むエリアでも大規模なツアーを成功させている。

## トランプ支持はイメージに響く？

このように俳優や歌手、コメディアンが政治的な発言をすることは珍しいことではなく、これまでも多くの「セレブリティ」が自身の信条を口にしてきた。

今年もトランプの裁判期間中には俳優のロバート・デ・ニーロが登場し、

「私はあなたたちを怖がらせるつもりはありません。いや、もしかしたら怖がらせなければならないかもしれない。もしトランプがホワイトハウスに戻ったら、私たちが当たり前に思っている自由に別れを告げなくてはなりません」

と痛烈に批判してみせた。

こうして、民主党支持を表明してきたセレブリティは枚挙にいとまがない。

ミュージシャンでは、黒人として初の大統領になったオバマを、自身も黒人であるビヨンセが積極的に支持したし、ケイティ・ペリーやレディー・ガガは２０１６年の選挙戦でいち早く女性大統領候補のヒラリー・クリントン支持を表明した。ブルース・スプリングスティーンはオバマやバイデンのキャンペーンに積極的に登場した。俳優でもクリス・エヴァンスやトム・ハンクス、メリル・ストリープなどがさまざまな立場から民主党支持を明らかにしている。

そして日系人のジョージ・タケイは、コロナ禍におけるアジア人差別の際に積極的に声を上げ、またLGBTQの当事者として多くの意見を発してきたことでも知られている。

一方、保守を表明している「セレブリティ」もいる。アーノルド・シュワルツェネッガーやアダム・サンドラー、そしてシルベスタ・スタローンは過去に共和党支持を公言している。しかし「共和党支持＝トランプ支持」というほど図式は単純でない。

メディアで公然とトランプ支持を表明するセレブリティは民主党のそれと比べると、驚くほどに少ない。トランプの排外主義的な言辞から、その支持の表明が自身のパブリシティに響くと考えるセレブリティが多いのも事実だ。

このように自身の**政治信条の表明が、エンターテイナーとしてのイメージ戦略と密接に結びついている**ことは興味深い。

ロック・ミュージシャンのキッド・ロックは、いち早くトランプ支持を明言し、積極的に発信を繰り返した。ビール・ブランドのバドライトがトランスジェンダーのディラン・マルベイニーを広告に使用した際、それに意を唱えるべくショットガンで缶を撃ち抜くパフォーマンス（第9項参照）を行なったのも、LGBTQの権利に消極的な保守層へのアピールと見ることもできる。そして、当然ショットガンの利用は、銃規制反対を声高に表すねらいがある。

トランプがキャンペーン・ソングとして用いる『God Bless The USA』を歌うリー・グリーンウッドもそのMVの中でトラクターを乗り回し、質実剛健な男性像とむき出しの愛国心を全面にアピールしている。

そして、今年7月共和党の党大会に駆けつけ演説を行ったレスラーのハルク・ホーガンは声高にトランプへの支持を謳い、豪快にTシャツを破り脱ぐパフォーマンスで会場を「USAコール」に包み込んだ。

こうした「マッチョ」で「強い」「愛国的な」像はトランプ支持者の求める姿と明確に結びつくため、それらをイメージ戦略として掲げるセレブリティによって頻繁に利用されてきた。トランプ陣営も彼らの影響力を利用し、互いが戦略的に作用しあってきたことは明確だ。

アメリカのエンターテインメントを彩るポップスターたちは、長い歴史の中で、そのシーンの変化、そして社会の変化とともに、これまで少しずつ繊細にそして緻密に形を変えながら、自身の「声」を届け、そのイメージ戦略を繰り広げてきた。言い換えると、政治的立場の表明はファンや大衆に自身がどのような人物であるのかを示すもっともシンプルな手段であり、ツールとして機能してきた。

彼らの言辞の微妙で些細な変化は、アメリカの時代の移ろいを少しだけ見せてくれる気がする。

# 19 グラミー賞が浮き彫りにした「強い」女性像

2024年2月4日「グラミー賞」の授賞式がロサンゼルスで行われ、主要部門を女性歌手が独占した。

ご存じの通り、グラミー賞はその年アメリカの音楽産業で優れた功績を残したクリエイターや音楽家に与えられるもっとも権威ある音楽賞で、1959年以来多くの歴史を作ってきた。中でも主要4部門と呼ばれるのは「最優秀レコード賞」「最優秀アルバム賞」「最優秀楽曲賞」「最優秀新人賞」。

今年栄冠を手にしたのはそれぞれ、マイリー・サイラスの『Flowers』、テイラー・スウィフトの『Midnights』、ビリー・アイリッシュの『What Was I Made For?』そしてビクトリア・モネだった。

私は当日、シカゴのバーでこの授賞式の様子を観ていたが、賞が発表されるたび歓声や怒号が飛び交い、あらためてアメリカ国内でのその注目度の高さを感じさせられた。そしてこれらの受賞がアメリカの「時代」を反映しているように思えてならない。

## 明るく自己肯定するマイリー・サイラス

まず最優秀レコードを受賞したマイリー・サイラスの『Flowers』。

マイリー・サイラスは1992年、カントリー・シンガーのビリー・レイ・サイラスの娘としてテネシー州ナッシュビルで生まれた。幼い頃から天才少女として名を馳せ、9歳にしてモデル・デビューを果たすと、2006年ディズニー・チャンネルのドラマ『シークレット・アイドル ハンナ・モンタナ』に主役として出演し世界的な人気を獲得する。私自身、人生で初めて、同い年の世界的スーパースターの誕生を目の当たりにした、とたしかに感じた記憶がある。

ポップ色をさらに強めた2009年にリリースした『Party In The U.S.A.』は大ヒットとともにアンセム化し、今でもスポーツイベントなどでかけられると球場全体が合唱になるナンバーだ。

2013年にはアイドル路線からの脱却を図り、アルバム『Bangerz』をリリース。収録曲の『Wrecking Ball』のMVでは全裸でボールに跨り大きな反響を呼んだ。その後、プライベートでの離婚や婚約解消を経て、常にゴシップ誌を賑わせ続けたマイリー・サイラス。その精神状態も多くのメディアで不安視された。

そんな人生の山と谷を経て、30歳を迎えた彼女が昨年リリースした楽曲が『Flowers』。この曲は元夫で2020年に離婚した俳優のリアム・ヘムズワースへのメッセージ・ソングだと言われている。実際、リリースされた1月12日はヘムズワースの誕生日。約10年間にわたる関係の解消がなされた後の曲ではあるものの、その歌詞に恨み節や憎しみは含まれない。むしろ70年代のディスコを思わせるサウンドにのせて、**自身を鼓舞し、肯定するメッセージ**を強調しているのが印象的だ。

サビの箇所では高らかに「私は自分に花を買える」し、「自分をダンスに誘える」と歌い上げる。極め付きは、「あなたより上手に、私自身を愛することができる」と力強く締めてみせる。

別れた男性に対する未練とは縁遠い、ポジティブで潔いさま。そして、**男性に頼らず、媚びることなく、自立した自信に満ちた語り**は、女性の「強さ」を立体的に鮮明に描き出している。

2013年にグラミー賞にノミネートされ、今や「失恋ソング」のアンセムともなっているブルーノ・マーズの楽曲『When I Was Your Man』では、「君のために花を買ってあげるべきだった」「そしてもっとダンスに誘ってあげるべきだった」と嘆きと後悔が歌われており、花とダンスのその表象を意図的に相対化したようにさえ見える。

この楽曲が歌われたとき、全裸でボールに跨っていたマイリー・サイラスは、紆余曲折を経て「大人」の女性へ成長を遂げた。そしてその傷と成長のものがたりをアメリカ中が見つめてきた。そんな彼女の歌う**再生と自己肯定の『Flowers』**は、多くのリスナーに前向きなメッセージとリアルな女性像を与えたのかもしれない。

この曲は2023年、Spotifyでもっとも再生された一曲となった。

グラミーの授賞式で壇上に上がったマイリー・サイラスは、短い受賞スピーチの中で、

「この賞は素晴らしいけど、この賞が何か私の人生を変えたりしないことを願ってる。だって、昨日までの私の人生もとても素晴らしいから」

と、どこまでもポジティブに語った。

## テイラー・スウィフトが歌うスターの葛藤

最優秀アルバムに輝いたのはテイラー・スウィフトの『Midnights』。自身4度目の受賞は史上初の快挙だった。これまでもカントリー色の強かった2作目のアルバム『Fearless』（２０１０年）で初受賞を飾ると、ポップ色の強い『１９８９』（２０１４年）で2度目の受賞。コロナ禍にリリースされた『folklore』（２０２０年）ではタイトルの通り、フォークロアを取り入れつつ、叙情的な楽曲を多く発表し、3度目の受賞を果たしていた。

前項でも述べたように、まさにテイラー・スウィフト旋風を巻き起こした２０２３年。世界ツアーを行った際に引っ提げたアルバムが『Midnights』だった。10作目となる本作では、彼女自身が眠れぬ夜に耽った思索が楽曲に反映されており、**スターとしての葛藤**が私小説的なナラティブで描かれる。

中でも本人が「お気に入り」と語る一曲『Anti-Hero』は興味深い。表題は「ヒーローの資質がない人」という意味。**名声を手にしたことで、自分の地位が高まり、他者との交流がうまく持てない**ことを自嘲的に歌っている。

前述のマイリー・サイラスとは対照的に、自身の鬱を語るなど、その抑制の効いた歌詞は際立っている。そして、サビに差し掛かると、「私は太陽は見つめるけど、鏡は決して見つめられない」と印象的に歌う。

眩しすぎる太陽を見つめては無茶を繰り返すのに、自分自身のことは見つめ直しきれない、という内省が完全な「ヒーロー」になった彼女自身の葛藤として描かれる。

このアルバムはキャリア最高のヒットとなり、授賞式の際にも「人生で最高の瞬間」と涙ながらに語った。

この夜、シカゴのバーの「Swifties」もこのスピーチにひときわ大きな歓声を上げた。

## ビリー・アイリッシュの内省的「強さ」

そして最優秀楽曲賞に輝いたのは、ビリー・アイリッシュの『What Was I Made For?』だった。

2001年生まれのビリー・アイリッシュは2015年のデビュー以来、第一線で数々のヒット曲を生み出してきた。2020年のグラミー賞では史上最年少で、主要部門を総なめにし、名実ともにポップ・アイコンとしてシーンをリードし続けている。一方でこれまでも自身の抱えるトゥレット症候群や、メンタルヘルスの問題について公言してきた。

『What Was I Made For?』は昨年一世を風靡した映画『バービー』の劇中歌として書き下ろされた楽曲。自身の存在意義について悩むバービーに、その生みの親が語りかける感動的なシーンで印象的に流される。それまでのシーンでは皮肉たっぷりのユーモアをちりばめたコメディ要素の強い演出が際立つが、終盤に本楽曲が用いられるシーンではよりストレートに歌詞が映画の主題として届けられる。

監督のグレタ・ガーウィグは、ビリー・アイリッシュと共同制作者で実兄のフィニアスに映画のシナリオと一部のシーンを見せ、この楽曲ができたという。

「何のために私は生まれてきたの」と問いかける歌詞は、**自身のアイデンティティを探し求め、さまよいながらも生きていこうとする「生」の力**を感じさせる。そしてそれはビリー・アイリッシュ自身の人生と、劇中のバービーの姿とも重なり、より重層的な感動として突き刺さる。そして、自らを見つめながら、最後には「私は今きっと何者でもないけれど、待ち望んだ何かになれるはず」と前向きに締める。「それこそ、私が作られた意味」という歌詞に希望を見出したリスナーも多いはずだ。

『What Was I Made For?』はこの年、アカデミー歌曲賞も受賞した。

マイリー・サイラスのように自己を底なしの快活さで吹っ切れたように肯定する「強さ」と、テイラー・スウィフトやビリー・アイリッシュのように内省的に抑えた抑揚で見つめる「強さ」。今アメリカで広く受け入れられる「強い女性像」はこのコンビネーションなのかもしれない。そしてそれは、ショットガンでビールを撃ち抜く「強さ」や、Tシャツを破く「強さ」でもなく、もっと芯のある「強さ」に思えてならない。

# 20 ウィル・スミスビンタ事件で見える「容姿イジリ」の現在地

2022年3月27日、第94回アカデミー賞の授賞式で事件が起こった。

プレゼンターを務めていたクリス・ロックが、その年、最優秀男優賞を受賞するウィル・スミスに舞台上で平手打ちされたのだ。

世界中に生中継されていた「映画の祭典」での一件は、この年に受賞を果たしたどの作品よりも強烈に、人々の心に記憶されることになった。


この夜、登壇したロックは、もはやオスカー恒例ともなっているコメディアンによる「セレブリティいじり」を披露した。そしてその矛先は俳優ウィル・スミスの妻であるジェイダ・ピンケット・スミスに向かう。

「君が『GIジェーン（デミ・ムーア扮するヒロインが海軍特殊部隊に入るべく丸刈りにするシーンで有名）』の続編に出るのが待ちきれないよ」

近年、脱毛症に悩み、丸刈りにしていた彼女の容姿（と病気）に言及したこのジョーク。ジェイダはすぐさま不快な表情を浮かべ、隣に座っていた夫のウィル・スミスも憤慨。おもむろに壇上へと向かうと、ロックの頬へ強烈なビンタを喰らわせた。そして客席へ戻ると、放送禁止の「Fワード」を用いながら、

「俺の妻の名前をお前のその汚ねえ口から二度と発するな」

と叫んだ。

生中継していたABCは至急放送の一時中断を余儀なくされた。私はこの様子を当時楽屋でコメディアンたちと見ていたが、私を含めた誰もが当初は手の込んだふたりの芝居だと疑わなかった。

直後から多くの意見がソーシャルメディアや紙面を賑わせたが、**その大半がウィル・スミスの暴力的行為を批判し、アクシデントの中でも式を進行させたクリス・ロックを擁護**するものだった。一方、日本ではウィル・スミスの知名度と人気もあって、彼を擁護する意見が目立った。

実際、ウィル・スミスがアカデミー賞授賞式への向こう10年間の出入り禁止処分を下されたのに対し、クリス・ロックのコメディツアーには大きな注目が集まり、チケット価格

が高騰。全公演ソールドアウトの特需を迎えた。

普段は意見の分かれるテレビのニュースでさえも、このときばかりはCNNからFOXニュースまでウィル・スミスを厳しく断罪した。その要因としてはおそらく、**アメリカにおける身体的暴力の脅威**があげられる。実際、この年、コメディアンへの身体的暴力事件が相次いで発生した。

コメディ業界の多くがレジェンド・コメディアンでもあるクリス・ロックへのサポートを呼びかけた。全米に店舗を展開する老舗クラブ、ラフ・ファクトリーでは事件直後、全店舗の電光掲示板にクリス・ロックの写真とともに、

「当クラブは、すべてのコメディアンの『合衆国憲法修正第1条』の権利をサポートします。クリス、コメディコミュニティはあなたの味方です」

というメッセージを掲載した。この『合衆国憲法修正第1条』とは、アメリカの基本理念でもある「表現の自由」を意味する。

## ボディ・シェイミングへの批判

こうした中で、クリス・ロックへの批判が存在しなかったわけではない。脱毛症という

病気をジョークにしたという姿勢に少なからず、批判や抗議の声が上がった。そしてその際、**「Body Shaming（ボディ・シェイミング）」**という語が繰り返し用いられた。

ボディ・シェイミングとは**他者の容姿をあげつらい、からかったり、けなしたりする行い**のこと。1980年代から主に教育の現場やメディアで批判的な文脈で使われ出し、日常会話においても、相手の尊厳を著しく傷つける行為として、忌避されている。たとえよかれと思っても（褒め言葉だと思っても）自身のものさしで他者の容姿をジャッジする行為は、今のアメリカにおいてタブーとされている。

その背景には、肌の色や、髪の色など、見た目の異なる「他者」を伝統的に揶揄し続けてきたアメリカの歴史へのアンチテーゼがあるだろう。コメディのシーンに限っていえば1950年代以降、人種にまつわるステレオタイプ的なものから、ジェンダーに由来するものまで、長きにわたりボディ・シェイミングが積極的に舞台上で展開され、多くの人々の心に傷を負わせてきたことは確かだ。ダイヴァーシティ化が叫ばれる今日の社会においては、「身体の多様性」の希求の潮流が確実に見て取れる。

その点では先述のクリス・ロックのジョークが軽率で時代にそぐわなかったという理論は的を射ている。本人も翌年に発表されたネットフリックスの舞台『Chris Rock

Selective Outrage（邦題は『クリス・ロックの勝手に激オコ』）』の中で、反省の弁を述べた。

## 容姿の自己肯定、ボディ・ポジティビティ

いずれにせよ、近年の反ボディ・シェイミングの流れは、**どのような体型であっても、自分自身の身体に誇りを持って生きようという「Body Positivity（ボディ・ポジティビティ）」**という潮流へと発展を見せた。たとえ太っていようが痩せていようが、背が低かろうが高かろうが、傷や欠損、不自由な箇所があろうが「ありのまま」の身体を讃えよう、というこの考えは、たとえばふくよかな体型の「プラスサイズ・モデル」のブームにも起因した。フォトショップを使用して引き締まった体を「捏造」することに異を唱えるハッシュタグがSNS上に溢れ、それまでは当たり前だった「加工」を禁ずる雑誌まで登場している。

2013年時点ですでにプラスサイズのバービー人形が注目を集め、翌年歌手のメーガン・トレイナーは『All About That Bass』の中で、キャッチーなビートに乗せて、写真の加工をして「リアル」ではない美しさを求めるより、「ありのままの美しさを出せばい

い」と歌った。そして、「わたしはシリコン製の細いバービー人形になんてなるつもりはない」というパンチラインは多くの人々の心を打った。

この頃から、大手量販店の「ターゲット」には、プラスサイズのマネキンが並べられるようになった。

近年ではリゾやビリー・アイリッシュがボディ・ポジティビティを訴えたほか、ジャックスは『Victoria's Secret』という曲の中で、下着ブランドのヴィクトリアズ・シークレットが男性目線で理想化された「モデル」体型のための商品でしかないことを批判しヒットさせた。

## アメリカの歴史が生んだ自虐ジョーク

話を近年のコメディ・シーンに移そう。現在、コメディクラブにおいて他者の容姿に直接的に言及するボディ・シェイミング的なジョークを耳にすることは滅多にない。**時代の変化とともに、淘汰されたスタイルの笑い**であると言える。一方で、自身の容姿を自虐する「Self-Deprecating Jokes（自虐ネタ）」は極めて一般的と言える。

日本では、2021年に人気芸人の3時のヒロインの福田麻貴が「自虐ネタ」に言及したことは興味深い。女性三人がそれぞれ自身の容姿を自虐的に表現することを武器のひとつとして活躍してきた3時のヒロイン。その中心メンバーである福田は2021年4月、自身のTwitter上で、その封印を宣言したのだ。多くの番組に引っ張りだこの人気芸人が、自身の芸のひとつを放棄する選択をしたとあって、この発言は当時業界内外で大きな反響を呼んだ。

ボディ・ポジティビティが文字通り、前向きな自己の肯定であるのに対し、アメリカのコメディ界の潮流は、こうした自己をさらけ出し笑い飛ばすベクトルへと向かっている。

2024年6月、私自身が出演するシカゴのショーで、どれくらいのコメディアンが自虐ネタ、とりわけ容姿に関するジョークをかけているかを数えてみた。一ヶ月間で42本のステージに出演し、のべ295人のコメディアンと舞台をともにしたが、そのうちの実に254人が何かしらの容姿自虐ネタを披露していた。つまり割合で考えてみても、86%にのぼることになる。一部の例を紹介しよう。

「僕のこのオタクっぽい見た目のせいで高校のときのあだ名はコロンバイン（ボーリン

グ・フォー・コロンバインで銃乱射する白人を彷彿とさせるから）だったよ」
「太りすぎてるせいで、この前バーベキューに呼ばれたとき椅子を壊しちまったんだ。申し訳ないと思ったけど、まだ食べたかった。でも周りの空気が『お前はこれ以上食うな』って感じで辛かったな」
「この前、ショーの後お客さんのひとりに『きみはスカーレット・ヨハンソンに似ているね』って言われたの。だから言い返してやったわ。『私の胸をよく見てごらんなさい。コリン・ジョスト（ヨハンソンの夫）と同じサイズなのよ』って」

ここでは自虐ネタのうち、とりわけ手短に紹介することのできるものを選んだが、こうしたジョークに観客は大きな笑い声をあげた。

アメリカという人種的他者が集まり成立した国では伝統的に、ガードを下げ、敵ではないことを表明するために、自虐ジョークが用いられてきた。ユダヤ人コメディアンや、黒人コメディアンが自身の身体的特徴を自虐的にジョークにしてきた伝統が、今日のコメディ・シーンを構築してきた。ステレオタイプを助長するジョークは近年舞台から消えつつあるが、それでも自虐は王道のコンテンツなのである。

そして、舞台上でたとえコメディアンが自身のコンプレックスを吐露しても、その根底には自尊の念があることは観客にも共有されている。おそらく、観客もひとりひとりがそれぞれに何かしらのコンプレックスを抱えて生きている。それでも、彼らだって自分自身になんだかんだ誇りを持っているという前提があるからこそ、コメディアン自身も安心して舞台上で体型を自虐できる。

ボディ・ポジティビティが広まれば広まるほど、そして社会に深く浸透すればするほど、観客はコメディアンの容姿の自虐に心から笑うことができるし、コメディアンも安心して自虐することができるのかもしれない。

アメリカでは、決して一朝一夕ではない長年の議論や摩擦の末に、現在、これほどまでにボディ・ポジティビティの考えが人々の心に行き届いているのかもしれない、とポジティブに考えてみる。

# 21 「私って日本人なの」で炎上？——「文化盗用」の複雑な文脈

「大人になってから日本に行って、原宿を訪れた時、確信したの！　私って日本人だったんだって」

２０２３年1月、歌手のグウェン・ステファニーのこの発言が「**Cultural Appropriation（文化盗用）**」だと大きな批判を招いた。

「カルチュラル・アプロプリエーション」とは「**他者」の文化をうわべだけ模倣、盗用し、そこから何かしらの利益を得ること**を批判的文脈で論じる際に用いられる語。この「うわべだけ」という言葉には、歴史的文脈の無視や、表象自体の拙劣さ、粗雑さが含まれる。

そして、この問題は近年しばしば国内で大きな議論を巻き起こしてきた。その背景にはアメリカという国がたどった歴史や、近年の歴史観の変化、そして現在も多くの人々が感じる人種観における社会的不平等などが複雑に絡み合う。「他者の文化からインスピレーションを受けながら、創作活動をすることへの是非」といった単純な話ではないところがいかにもアメリカらしいと感じる。

具体的に今回の事例を見ていこう。

グウェン・ステファニーは1969年、カリフォルニア州オレンジ・カウンティ生まれのミュージシャン。日本では「ステファニー」という姓で表記されるが、英語の発音はむしろ「ステファーニ」に近く、イタリア系アメリカ人だ。

1992年にバンド、ノーダウトのボーカルとしてデビューしたのち、2004年にソロデビュー。多くのヒット曲を送り出すポップアイコンとしてこれまでのカルチャーシーンを牽引してきた。

特に本人も公言しているように、大の日本好きとして知られ、歌詞の中にも積極的に日本語を取り入れ、その愛を表現してきた。2004年にリリースしたアルバム『Love, Angel, Music, Baby』の中にも収められたヒット曲として『Harajuku Girls』があるし、『What You Waiting For』の中でも日本語をサンプリングしている。また、このアルバムのツアーの際には「女子高生」の衣装の4人の日本人バックダンサーとともにステージを盛り上げた。また、自身のプロデュースする香水「Harajuku Lovers（原宿ラバーズ）」は大ヒットし、音楽の枠組みを超えて、受容された。

アメリカにおける日本のポップカルチャー表象が、「着物」や「芸者」に偏っていた2000年代初頭にあって、ティーンのポップなカルチャーを意識的に描く試みは大きなプレゼンスを獲得することになる。「kawaii」や「Harajuku」といった語が英語に取り込まれていく過程には、グウェン・ステファニーが大きな役割を果たしている。

現在でもシカゴの街を歩いていると、漢字で「原宿」と書かれたTシャツを着ている現地の人々をよく目にする。

さて、2023年1月、美容系の雑誌『アルーレ』のインタビューの中で、グウェン・ステファニーは自身のライフスタイルやアーティストとしての活動に言及する。幼少期、オレンジ・カウンティという日系コミュニティと地理的に近く、日本文化にアクセスしやすい環境で生まれ育ったこと、そして父がヤマハ勤務で日本出張に頻繁に行っていたため、日本からのお土産話を心待ちにしていたことなどを語った。

「日本文化は伝統を持ちながらも、どこか未来的で、しかも細部にまでこだわりがあって素晴らしいと思った。それが私の感じた日本文化への原点なの」

## 「私って日本人なの」が批判された理由

それを経ての冒頭のコメントというわけだ。このインタビューが掲載されると、各方面からのカルチュラル・アプロプリエーション批判が相次いだ。その文脈としては「イタリア系で白人であるグウェン・ステファニーが自身を『アジア系』と名乗り、日本の文化を盗用し、利益を得た」というものだった。当時日本のメディアでは大きく取り上げられないどころか、何がいけないの、という意見がSNS上でも散見された。

私個人としては、カルチュラル・アプロプリエーションだと断罪する立場を取りたいわけでもなければ、「アメリカの基準で」頭ごなしの批判をしたいわけでもない。しかしながら、どのような構造でこの「炎上」が巻き起こったのかを考察するのは、アメリカの現在地を見る上で有意義だと感じる。

批判の内容を見てみよう。まず、この問題に声を上げたのは、雑誌『アルーレ』でこのときインタビューを行っていた人物だったことは示唆にとむ。彼女はジェサ・マリー・カラオールというフィリピン系アメリカ人。アジア系を前にした、グウェン・ステファニーの「私は日本人なの」という発言にカラオールは違和感を抱いたと述べた。その上で、「まず、彼女の発言に悪意はなかったと思う。しかし、たとえば日本人、メキシコ人、エルサルバドル人が日々直面する人種差別や偏見に、白人は直面しないという事実に彼女は無自覚過ぎる」

と主張。そして、

「彼女はアジアの女性たち、そしてアジアの文化をまるで自身の小道具のように利用し、名声を得た」

と厳しく批判した。

批判的人種理論に基づく、白人による搾取の歴史という「原罪」に無自覚だ、という指摘は近年の「トレンド」ともいうべきトピックだ。この「White Privilege（白人の特権性）」を有していることへの自覚とそれに伴う行動がエンターテインメントのシーンでも求められる時代なのかもしれない。

実はグウェン・ステファニーへのカルチュラル・アプロプリエーション批判は今に始まったことではない。2004年『Love, Angel, Music, Baby』がリリースされた時点で同様の批判が巻き起こっていたことは強調に値する。アルバムの表題から名付けられた「Love」「Angel」「Music」「Baby」の4人のバックダンサーを従えツアーを行ったグウェン・ステファニー。その際、先述のとおり、ダンサーたちは女子高生の制服を衣装とし、きわめて「オリエント」なメイクアップ、そして文金高島田を思わせる和風の髪型をしたステレオタイプ的な表象だった。そして何より無表情で踊り続ける様子や、強調された高い声で口を隠して笑うさまも、旧来ハリウッドやアメリカのポップカルチャーの中で使われてきた典型的な表象だと批判を浴びた。ダンサーとの契約では厳密に「英語を公の場で話さない」ことが盛り込まれており、明確な意図を持って演出されたパフォーマンスだったことが窺える。

こうした批判にもグウェン・ステファニーは繰り返し釈明を行い、それに対する持論を述べてきた。

「私が美しいと思って敬意を払ったものをアートで表現することを他人が批判するというのはいいことではないと思う。そして他の文化からのインスピレーションを受けちゃダメっていう世界があったのなら、それこそ分断を生んでしまうはず。文化の売買や取引がこれまでの歴史の中で行われてきたからこそ、今の私たちの文化があるのよ。2000年代はそれができたクリエイティブな古き良き時代だった」

これらの釈明が、先ほどの「無自覚な白人特権」への批判に対しては十分な効力を発揮できないことは、すでにおわかりいただけるだろう。

## うわべだけ「原宿」表象への批判

ここで興味深いのは、今回**「原宿」という街の歴史に対してグウェン・ステファニーが無自覚ではないか、という批判**が噴出したことだ。

この批判を読み解くために、まず原宿という街の歴史を手短に説明したい。そもそも原宿は地名がファッションと結びついている珍しい例と言えるが、ティーンが流入し、観光地化したのは意外にも1980年代以降のことだ。竹下通りの「竹の子族」やホコ天バンドブームを経て、現在のイメージが定着しきるのは1990年代後半の青文字系ブームまで時代が下る。

それ以前はというと、第二次世界大戦後に代々木公園がアメリカ軍に接収され「ワシントンハイツ」という米軍の将校の寄宿舎となったところに起点を見出すことができる。そこにできた「キディランド」はもともと将校の家族むけのお土産や雑貨を取り扱うきわめて「アメリカ的」な場所であったことは強調に値する。つまり、**戦争を経て、アメリカの統治が行われた象徴的な場所**として原宿を見る視点が存在するのだ。「戦争」「米軍」「統治」の文脈で原宿を見ると、アメリカ人であるグウェン・ステファニーが、日本とアメリカの「負」の歴史、より具体的に言えば、日系人の強制収容や戦後の支配といった事実にスポットを当てずに**「うわべ」だけ「Harajuku」を表象し、利益を得ることは批判の対象になる**というわけだ。

今回の批判の中では、過去にグウェン・ステファニーが収容キャンプを訪れたり、歴史に対して何かしらの言及をしてこなかった点が取り沙汰された。

原宿に関する表象での批判は、2013年、アヴリル・ラヴィーンの『Hello Kitty』にも寄せられている。

「みんな最高ありがと〜」

という歌詞とともに、これまた無表情な日本人ダンサーと、そしてハローキティと原宿を練り歩くMVは、あまりにも無自覚でステレオタイプ的で、そして歴史理解が粗略だと批判を浴びた。

こうした複雑な日本とアメリカの歴史を考えると、白人アーティストが「日本的な」表象を行うことは大きなリスクをともなうと感じる。これまでも、ケイティ・ペリーは着物をあしらった衣装で批判を浴びたし、キム・カーダシアンも自身のプロデュースした

「Kimono」というおよそ着物とかけ離れた下着が批判を呼んだ。

しかし、こうした批判が日本国内の「日本人」よりむしろ、アメリカ国内の日系アメリカ人やアジア人から寄せられたことは興味深い。つまり、彼らが社会的な不平等をより日々の生活の中で感じている事実が、「声」として表出しているのかもしれない。

## ビヨンセが白人文化を「盗用」?

そして、近年、**マイノリティからマイノリティでの表象**さえもカルチュラル・アプロプリエーション批判の対象になったことは、第2部の「キャンセル・カルチャー」項で述べた。

2022年、アジア系女優のオークワフィナが黒人アクセントを模倣した、いわゆる「Blaccent(ブラクセント)」を使用したとして批判を浴びた。およそ社会的な不平等関係が存在していないとされるアジア系と黒人の間でもこうした批判が生じたことは、当時私も強い印象を受けた。

映画『クレイジー・リッチ!』や『オーシャンズ8』『シャン・チー』などに出演し、2019年には『フェアウェル』でゴールデングローブ賞主演女優賞を受賞したオークワフィナ。2022年に全米黒人地位向上協会(NAACP)が主催する「イメージ・アワード」にノミネーションされた際、物議が起こった。ブラック・コミュニティに根差したメディア『The Roots』は、「オークワフィナをスターダムに押し上げたほとんどの役柄は『オーシャンズ8』をはじめとする〝ブラクセント〟をまとったものだった」と指摘。「ブラック・コミュニティの多くの人々は、オークワフィナが黒人をネタにして恩恵を受けてきたと考えており、このノミネーションに怒りを覚えている」

と批判した。

オークワフィナは声明をリリースし、

「この国のアフリカ系コミュニティの歴史的背景は認識しています。現実的には言語や移民の文化的変容や、ネットスラングが必然的にグローバル化する過程が原因だと考えていて、侮辱とポップカルチャーを区別するラインは微妙になっていると思います。しかし私は非黒人の有色人種として常に人の意見に耳を傾け、ＡＡＶＥ（African American Vernacular English：アフリカ系アメリカ人の話す英語）の歴史や背景、社会の主流から取り残されたあらゆるグループの進歩に対して適切、もしくは逆行と見なされるものを理解するために努力を続けています」

と釈明した。

そして今年は、黒人シンガーのビヨンセのアルバム『カウボーイ・カーター』が白人に対するカルチュラル・アプロプリエーションだと批判の矛先を向けられた。

カントリーをフィーチャーした本作は、**「白人の音楽を盗用した」**という批判にさらされたのだ。実際、オクラホマ州のカントリー・ラジオ局KYKCは、リスナーからのリクエストがあったにもかかわらず、彼女の新曲を流すことを拒否した。

「KYKCはカントリー・ミュージック専門局なので、ビヨンセの新曲は流さない」

当然のことながら、ファンからの批判が殺到し、のちにKYKCはビヨンセの『Texas Hold'Em』をローテーションに加えたが、この一件は「そもそもカントリー・ミュージックとは誰のものか」という議論にまで発展した。

ご存じの通り、カントリー・ミュージック自体、黒人のブルースから大きなエッセンスを受け取り発展してきたし、よく用いられる楽器「バンジョー」も元々黒人奴隷と結びつきの強い楽器である。

そもそもビヨンセはテキサス州出身。父は黒人で、母はクレオールという出自を持つ。

前述のようにカントリーも近年そのシーンは多様化の動きを見せており、一概に「白人の音楽」ということは難しい。現にカントリー界最大の授賞式であるCMAアワードのゲストも2014年にはアリアナ・グランデ、2015年にはジャスティン・ティンバーレイク、そして2016年はビヨンセと実に多様化した。
そうした中でのカルチュラル・アプロプリエーション批判はさらなる議論を巻き起こした。そこにはビヨンセという人物に対する人々のイメージも関与しているのかもしれない。単なる人種や出自という枠組みを超えた、人々の「意識」の中でのイメージが、文化を盗用しているかという議論に複雑に重層的に絡まり合っている。

ただ、これらの時流にビヨンセ本人が意識的なことは、このアルバムのオープニングを飾る壮大なナンバー『American Requiem』の歌詞からも明らかだ。

自身の祖父が、アラバマ州ガズデン出身の密造酒業者だったことを打ち明けた上で、これまで話し方が「カントリーすぎる」と言われたり、逆に「カントリーは似合わない」と批判された過去を歌う。

そしてクライマックスの「それがカントリーじゃないなら、何が本当のカントリーなのか教えて」という強いメッセージが考えさせられる。

結局、この楽曲はカントリー・チャートで黒人女性として初めて1位を獲得した。

アメリカへの鎮魂歌、『アメリカン・レクイエム』。

アメリカの理想や規範は今、ビヨンセの歌うようにもう死んでしまったのだろうか。

# 22 ラテン化するアメリカ

## ラテン系アルコールがブームに

今、この原稿を書きながら、私の机の上に置かれたグラスには並々とテキーラがつがれている。普段から愛飲するわけではないものの、本項を書くにあたって近所の酒屋で買ってきた。

というのも、**近年アメリカにはたしかなテキーラ・ブームが訪れているのだ。**数値で見ても、アメリカ市場での販売量は2004年以来継続的な成長を見せており、2022年には前年比11・5%増と過去最高の伸びを記録した。この年、小売売上高は110億ドルを超え、ウィスキーを抜きウォッカに次いで二番目に飲まれているスピリッツに躍り出た。世代別に見ても、25歳から34歳の消費者がテキーラを飲む最大の割合を占めており、この年齢層の回答者の実に24・2%が「日頃からテキーラを飲む」と答えている。

古き良きアメリカの酒といえば、おそらく多くの読者がバーボンを思い浮かべるだろうが、今アメリカのバーの中心はテキーラがとって代わりつつある。ショットで飲むテキーラもいまだ健在だが、近年ではむしろカクテルとして飲まれることの方が多い。私の行きつけのバーでも実に多様なテキーラと、それらを用いた色とりどりのカクテルがカウンターを行き来している。

セレブリティたちも自身のプロデュースするテキーラをこぞって発売し、このブームを乗りこなす姿勢を見せている。「ロック」ことドウェイン・ジョンソンやジョージ・クルーニー、そしてエヴァ・ロンゴリアなどのテキーラはバーでも目にする。

そして、ビールの市場を見ても、本書第9項で紹介したように、バドライトの売り上げが落ち込んだ際、一位に躍り出たのはメキシコ系のビール「モデロ」だったことを思い出したい。昨年売り上げを12・2％増やし、アメリカでもっとも飲まれているビールへと成長を遂げたモデロ。爽やかな飲み口が特徴で、食事にも合うこのビールは、先ほど立ち寄った酒屋でももっともスペースを割いて、そしてもっとも見やすい位置に置かれていた。日本でも飲まれている「コロナ」も堅調で（バドライトと同会社なので例の騒動のときは売り上げが落ち込んだが）、「ドスエキス」など他のメキシコ系のビールとともに多くのファンを持つ。

こうしたラテンのアルコールのメインストリーム進出は、偶発的な事象ではない。近年、アメリカにおけるさまざまなカルチャーでラテンがそのプレゼンスを大きく強固なものにしている。

## アメリカ最大のマイノリティ、ヒスパニック

音楽の分野でも、昨年アメリカ国内でのSpotifyの再生数を見ると、**ラテン・ミュージックの再生数は24・1%増加**し、国内で再生された上位10000曲のうちスペイン語の楽曲が占める割合は前年比3・8%増だった、というデータもある。

具体的には女性アーティストとして多くの金字塔を打ち立てたコロンビア出身のレゲトン・シンガー、カロルGや、ダディ・ヤンキーといったベテラン、そしてラテン・トラップの牽引者、バッド・バニーなどの活躍が顕著だ。また、メキシコの新星ペソ・プルーマもシーンで輝きを放った。『ローリング・ストーン』誌は2023年のベストソングに彼らの『Ella Baila Sola』を選んだ。

もちろんこうしたラテン音楽のヒット・チャートの席巻には、人口動態の変化が大きく起因している。２０２０年に行われた国勢調査では、**ヒスパニックは現在最大のマイノリティ**であり、全人口の18・7％を占めることがわかった。また、２０１０年からの増加率は23％を記録し、このペースのまま増加が進めば２０６０年までにアメリカでは、ヒスパニックが白人を上回りマジョリティになると予測されている。

ここで重要なのはあくまでも「ヒスパニック」「ラテン」という分類は言語や国家、それに文化に基づいたカテゴリーであり「人種」を表すものではないということだ。「ヒスパニック」や「ラテン」は、**スペインやラテン・アメリカ諸国にルーツを持つ人々**のことを指すため、どのような「人種」でもありうるし、実に多様な人々が存在している。割合で見るともっとも多いのはメキシコ系で、プエルト・リコ系とキューバ系が続く。シカゴにもメキシコ人街、プエルト・リコ人街が存在し、色合いの違ったラテン・カルチャーを味わうことができる。

メキシコ人街では「Taqueria（タケリア／タコス屋）」で本格的なタコスが食べられるし、プエルト・リコ人街でもシカゴで独自の発展を遂げたサンドウィッチ「Jibaritos（ヒバリト）」を堪能できる。また、ニューヨークも伝統的にプエルト・リコ系移民が多く、ミュージカル『ウエスト・サイド・ストーリー』でも題材として描かれた。

## ラテン・カルチャーがメインストリームに

こうした人口動態の変化が、音楽や食といったポップ・カルチャーにも大きな影響を及ぼしてきたことは言うまでもないが、白人のマーケットを取り込んでメインストリームに展開されていることは重要だ。

たとえば昨年、日本代表が優勝を果たしたWBCの決勝が行われたのがフロリダ州マイアミであったことは示唆にとむ。それ以前の大会ではカリフォルニア州のサンディエゴやサンフランシスコでの開催だったが、**前回大会から決勝の地がマイアミのローンデポ・パークに変更された**のだ。これにはMLBが見込むヒスパニック・マーケットが大きく関係している。マイアミ市の人口の実に72%がヒスパニック系と言われている。また地理的にも出場チームのプエルト・リコやメキシコ、キューバ、ベネズエラとの距離も近いため、まさにラテンのための球場選択となった。2023年、MLBにおけるラテン系の割合は30%を越えた。

実際、球場の外ではスペイン語が飛び交い、スタジアム内も、カウベルを鳴らす独特の応援スタイルで各国のラテン文化が色濃く出された大会となった。

MLBでよく見られる観客の拍手を煽る際のリズムも、ラテン音楽に特徴的に見られる

3：2のリズム・パターン、いわゆる「クラーヴェ」だったことは興味深い。イニングの合間にスタジアムＤＪによって流される楽曲も、バッド・バニー（プエルト・リコ系）やピットブル（キューバ系）をはじめ、メキシコの伝統的な音楽ジャンル、ランチェーラの大御所ヴィセンテ・フェルナンデスなど、普段のレギュラーシーズンとは一線を画す楽曲群だった。

ちなみにアメリカ代表の試合ではマイリー・サイラスの『Party In The U.S.A.』やニール・ダイアモンドの『スウィート・キャロライン』（ボストンのフェンウェイ・パークでレッドソックスのアンセムとして歌われることで有名）などの「一般的な」曲がかけられ、侍ジャパンがプレーしている際はサザン・オールスターズ『希望の轍』やTERIYAKI BOYZの『TOKYO DRIFT』などがかけられた。

そして、大会オフィシャル・ソングとして発表されたのも、ラテン・コミュニティ全域から大きな支持を集めるレゲトン歌手ダディ・ヤンキーの歌うスペイン語の楽曲『Chispa』だったことは強調に値する。プエルト・リコ戦の応援に駆けつけていたダディ・ヤンキーが大ビジョンに映し出されると、観客は大声援を送った。

同じくスポーツの事例をあげると、今年行われた南米のサッカー王者を決める大会「コパ・アメリカ」の決勝（アルゼンチン対コロンビア）のアメリカ国内における視聴者数は過去最大の1320万人を記録した。これは昨年のMLBワールドシリーズの最終戦の1150万人を凌ぐ数字である。バーボンがテキーラに移ろうのと同様に、アメリカのスポーツも今、野球からサッカーへと少しずつ変わりつつあるのかもしれない。2026年のワールドカップがカナダ、アメリカ、メキシコと北中米3カ国での脱領域的な同時開催なのもこうした背景が見て取れる。

## 「南北アメリカ」で歴史を捉える

これまでカルチャーにおけるラテン化の事例を見てきたが、こうした変化は「歴史観」にも大きな変化をもたらそうとしている。そもそもアカデミアの世界では、1990年代からアメリカの歴史を南北まとめて考察する研究姿勢が採用されてきた。国民国家という枠組みを脱構築し、「南北アメリカ」という地政学的なフレームで捉える手法は「トランス・アメリカ」とも呼ばれ、文学やアメリカ研究の場で実践されてきた。

これによって、アメリカ建国から現在にいたるまでの歴史のものがたりも変容を見せるかもしれない。

メイフラワー号のピューリタンが作り上げたという歴史は、1960年代の公民権運動の高まりの中でマイノリティを尊重した歴史へと書き換えが行われた。そして、近年の批判的人種理論の取り込みによってさらなる歴史の書き換えが進み、時々刻々とアメリカの歴史観は変容を遂げている。今後、ヒスパニックの視点から見る「南北のアメリカ」という軸が「アメリカ」の歴史観に大きく関与してくることは明らかだ。

私の身を置くコメディのシーンでも、今やどこのコメディ劇場も「ラテン・ナイト」を開催している。ラテン系のコメディアンが出演し、ラテン系同士の細かい違いやあるあるネタで、ラテン系のみならず白人オーディエンスをも大爆笑させている。

さて、いつの間にかテキーラのグラスが空になってしまった。

# 23

# ハリウッドとジャーナリズムを脅かすAIの脅威

## ハリウッドでの15年ぶりのストライキ

2023年5月2日、ハリウッドの脚本家組合WGAはストライキに突入した。脚本家ら約1万5千人で構成されるWGAは賃上げなどを要求し、6週間にわたって映画スタジオ、テレビ局、配信会社などを代表する「AMPTP（映画テレビ制作者連盟）」と交渉を行なってきたが、ついぞ合意にいたらず15年ぶりのストへと突入した。

日本ではエンターテインメント・シーンにおける「組合」のストライキなどは聞き馴染みがないかもしれないが、アメリカでは伝統的に「Union（組合）」が力を持ち、プロジェクトごとに、適正な報酬や、保険を含めた福利厚生、そして労働環境の整備など、労働条件を制作者側と話し合い、万が一違反していた場合には罰することができる仕組みづくりを行ってきた。

元々は1930年代に大手スタジオが、俳優たちにとって不利な条件で、搾取しながら働かせてきた中で、それを改善し守るために結成されたのが始まりと言われている。

昨年のこのストライキによって、映画はもちろん、ライターを抱える夜の帯番組のトークショーも放送中止を余儀なくされ、コメディ界にも大きな影響が出た。それはハリウッドやテレビといった「華やかな」世界だけにとどまらず、それらの番組のオーディションを待ったり、ブッキング担当がやってくるショーに出演する我々の現場にも大きな打撃として降りかかった。私がプロデューサーに「ピッチ（企画書を提出）」していた企画もこの一件であえなく立ち消えとなった。

この後には俳優らで構成される「SAG‐FTRA（映画俳優組合）」もストライキに踏み切り、連日ピケを張っての抗議活動が行われた。

結局スタジオ側との合意が成立したのは、WGAが9月、SAG‐AFTRAは11月。ストライキは長期間におよび、その間、映画もテレビも多くの作品制作がストップすることとなった。制作会社やスタジオが集中するロサンゼルスは、この間ケータリングやタクシーなど映画関連の産業も仕事がなくなるので街全体としても大きな打撃と混乱を招くことになった。

## 脚本へのＡＩ利用を制限

では、それほどまでに捻れた交渉の争点とはなんだったのか。

一つ目は賃上げ。ストリーミングなどの興隆により近年脚本家たちのビジネスモデルが変化する中で、労働に見合った賃金が貰えていないとの理由で、スタジオ側に条件の見直しを求めたのだ。

二つ目はレジデュアルと呼ばれる再使用料の問題。脚本家は、自分が書いたテレビ番組や映画が再放送されたり、ＤＶＤになったりするたびに、再使用料が入るが、この値上げを求め交渉を展開した。

そして三つ目がＡＩの問題だった。ＷＧＡはＡＩが脚本を書いたり、書き直したりしないこと、また脚本家が書いたものがＡＩのトレーニングのために使われないことなどを要求した。脚本家たちは、ようやく仕事を見つけても安く使われ、すぐにシーズンが終わってしまうリスクが増えた上に、ＡＩの脅威も出てきた今、自分たちの職業が存続の危機にあると訴えた。

このとき、ニュースでももっとも大きな注目を集めたのはこうした**「ＡＩの脅威との戦い」**という点だった。

多くのメディアや業界関係者らは後にこのストライキを「AI Strike（ＡＩ争議）」と呼んだ。

新たに結ばれたＷＧＡとスタジオ側での合意では**ＡＩの使用制限**が明記された。

より具体的には、ＡＩが作品を書いたりリライトしたりすることはできないうえ、ＡＩ生成の作品は「素材」とみなされないこと。また、脚本家はＡＩを使用できる一方で、制作会社は脚本家に Chat GPTなどのＡＩ使用を要求できないこと。そして、ＷＧＡは、制作会社がＡＩトレーニングのために脚本家の作品を利用することについて、協約によって禁止されていると主張する権利を持つことが加えられた。


このストライキで自身の番組が休止になる憂き目にあったコメディアンのジミー・キンメルは、ストライキが明けた今年3月、アカデミー賞授賞式の司会として舞台に立った。

1年間のエンターテインメントのシーンを振り返る流れの中で、ストライキに言及し、条件を勝ち取るために戦った「同志」を褒め称えた。そして、ストライキが終結したことの安堵を述べると、

「これからはＡＩに仕事を奪われるかもっていう脅威じゃなくて、自分より下の世代の有能な奴に仕事を奪われるという昔ながらの脅威にもう一回苛まれる時代が来るんだね」

とジョークにした。

この1年の間に、コメディアン同士でも「AIの脅威」について話し合われることが増えた。多くの見解があるが、ことスタンダップコメディアンたちの間では差し迫った脅威には感じられていない。スタンダップコメディは、個の視点を笑いにして届ける芸能であるがゆえに、パターン学習されたAIの作るジョークがコメディアンに取って代わる状況はイメージしづらい。それでも、AIによって生成されたミームや、ジョークめいたものがSNSに登場するたび、ドキッとさせられることがある。

## ジャーナリズムが怯えるＡＩの脅威

近年登場した人工知能チャットボットの「Chat GPT」は連日メディアや人々の話題の中心に君臨している。Chat GPTにまつわる批判や議論の展開は今後さらに大きくグローバルになっていくに違いないが、エンターテインメントの世界では、今年5月、女優のスカーレット・ヨハンソンが声を上げた。
Chat GPTのインターフェイスに使われていた声が、スカーレット・ヨハンソンのそれ

とそっくりだと親会社のOpenAIに抗議したのだ。CEOのサム・アルトマンは、

「似せるつもりはなかった」

と弁明したが、スカーレット・ヨハンソン曰く、

「親しい友人の誰もが耳を疑わず、私の声だと思った」

というほど精巧な音声だったという。


AIの発展は、人々にとって、何が本当で何が嘘なのかという境界を曖昧にしている。AIを用いた高度な映像や画像合成技術「ディープフェイク」も政治に利用され、歯止めの効かない状態になっている。量産される「フェイクニュース」にますます受け手のリテラシーが求められるが、ニュースを発信する側のジャーナリズムも今、AIの脅威に怯えている。

今年、4月に行われたホワイトハウス晩餐会で、ゲスト・コメディアンとして招かれたコリン・ジョスト（スカーレット・ヨハンソンの夫）はマスメディアを前に、問題提起に満ちたジョークで締め括った。

「私はこの場を借りて、この部屋にいるすべてのジャーナリストを表彰したいのです。あなた方の言葉は権力に対して真実を語り、暗闇に光をもたらします。そして最も重要なことですが、あなた方の言葉は、やがてあなた方に取って代わるＡＩプログラムを訓練しています」

# 24

# 流行語から読み解くアメリカ

毎年、老舗辞書メーカー『メリアム・ウェブスター』が発表する**「Word of The Year（今年の単語）」**に注目している。その年、もっとも多く検索された単語を発表する企画で、「アメリカ版流行語大賞」と言えるかもしれない。

日本の「ユーキャン新語・流行語大賞」では審査員が審議の上、大賞を決定させるが、この「Word of The Year」は検索された数がそのままランキングに現れるため、人々の関心や興味が反映された語が忖度なしに選ばれる点でおもしろい。まさに**世相を反映し、アメリカの「今」がわかるリスト**になっている。なお、このランキングが辞書の検索数に基づいているという特性上、人々がその「意味」をすでに知っている単語はランクインしづらい一方で、意味や用法がわからなかった単語がリストに含まれる点は留意しておきたい。

早速2021年のランキングを見てみよう。

## 【2021年】

### 1位：Vaccine　ワクチン

コロナ禍に検索数を急激に伸ばし、前年比601％で一位となった。2020年12月に新型コロナウイルスのワクチン接種が始まり、その接種をめぐり多くの論争が起こった。ちなみに2020年の一位の単語も「pandemic（パンデミック）」とコロナ禍に関するものだった。

### 2位：Insurrection　反乱、暴動

この年1月6日に起こった議会議事堂襲撃事件の際に検索数が急上昇した。「暴動」という単語では「riot」が一般的だが、より組織的で大規模な、政府に対する「反乱」「暴動」という意味でこの「insurrection」がニュースで用いられ、人々の関心を集めた。

### 3位：Perseverance　根気強さ、辛抱強さ、忍耐力

この年、火星探査ロボットの「Perseverance」が無事火星に着陸したニュースが伝えられると検索数が増えた。単語そのものの意味を調べる検索も多かった。

**4位：Woke　ウォーク・カルチャー**

この年もウォーク・カルチャーをめぐる議論がいたるところで展開された。ウォーク・カルチャーの受容をめぐり「Cultural War（文化戦争）」という語もしきりに使われ出した年でもある。「Woke」はもともと「wake（目覚めている）」の黒人アクセントから。

**5位：Nomad　放浪者、遊牧民**

もともとは定住しないライフスタイルを指す言葉だが、この年4月、クロエ・ジャオ監督の映画『ノマドランド』がアカデミー賞で作品賞や監督賞を含む3冠を獲得し、検索数を増やした。

**6位：Infrastructure　基盤、基本的施設、インフラ**

4月にバイデン大統領が約2兆ドルの追加インフラ計画を発表し、検索数が前年比677％と急増した。この際、民主党内部からも批判が起こり、報道も加熱した。

**7位：Cicada　セミ**

5月に各地でセミが大量発生した。これまでも17年周期でセミの大量発生が起こり、この年は「ブルードX」と呼ばれる周期ゼミが話題になった。

### 8位：Murraya　ゲッキツ（柑橘系の植物の一種）

スペルの正確性を競う「Spelling Bee（スペリング・ビー）」のコンテストで、アメリカ人としては初の黒人少女が優勝し話題に。その決勝で出題された聞きなじみのない言葉がランクインした。改めて、優勝者のボキャブラリーの豊富さを多くの人が実感したか。

### 同率8位：Cisgender　シスジェンダー

「Cisgender」はトランスジェンダーの対義語。自身の性自認と生まれ持った性が一致していることを指す。「トランスジェンダー」という語が存在しているのに、その対義語が存在していないことで、トランスジェンダーを奇異なものにしているという潮流の中で使用されるようになった。ここで重要なのは、「シスジェンダー」はあくまで性自認についての定義であり、どの性に惹かれるかとは無関係な点だ。つまりシスジェンダーでゲイやレズビアンということもありうる。近年コメディのシーンでも、「Male Cisgender以外のコメディアンを募集」などというキャスティング・コールがあり、格差の是正が行われる事例も多い。

### 10位：Guardian　後見、保護者

ＭＬＢクリーブランド・インディアンスがネイティブ・アメリカンへの配慮から、チーム名を「ガーディアンズ」に改名した際、検索数がアップ。歴史あるチームの伝統を「引き継ぐ」という意味合いも込められている。

### 11位：Ｍｅｔａ　メタバース、フェイスブック社の新社名

10月、フェイスブック社が社名を「Meta」に変更した際に検索数がアップ。急激な追い上げを見せ、トップ10にランクインした。テクノロジーやＡＩなどが大きな注目を集めた。

コロナ禍が収まりきらぬ中、連邦議会議事堂襲撃事件に始まり、バイデン政権の誕生という激動の1月から始まった２０２１年。

ウォーク・カルチャーをめぐる政治的、そして文化的な分断も表すリストだった。

## 【2022年】

### 1位：Gaslighting　ガス燈、自分の利益のために他人を誤解させる行為

もともとは単に「ガス燈」を表す言葉だったが、近年動詞として用いられ、「自分の嘘や悪事を隠蔽するために、相手を些細な嫌がらせや誤った情報で責め続けて、そう信じ込ませること」を指すようになった。1944年、イングリッド・バーグマン主演の映画『ガス燈』で主人公を陥れるために夫が行った行為を語源にしている。

日常生活でもハラスメントの一種を指す言葉として用いられるが、より特徴的なのは「Political Gaslighting」のように政治的なニュアンスを帯びて多くのメディアで使用されていることだ。デマや嘘の情報を流し、それに対する批判には「言っていない」の一点張り。フェイクニュースやディープフェイクが蔓延する中で、真実を追及する側が「ガスライティング」されることで、精神的・肉体的に疲弊してしまうことが社会の中で嘆かれている。前年比1740％を記録した。

### 2位：Oligarch　オリガルヒ

ロシアやウクライナの新興財閥を表す言葉だが、ロシアによるウクライナ侵攻が起こっ

たタイミングで検索数が急上昇し、前年比621%となった。もともと「Oligarch」自体は、ギリシア語で「少数による寡占、支配」という意味。ちなみにウクライナ侵攻により、「Sanction（制裁）」「Armageddon（アルマゲドン）」「Conscript（徴兵制）」なども検索数を増やした。

### 3位：Omicron　オミクロン

この年もっとも流行した新型コロナウイルスの変異株から。前年末、WHOがコロナウイルスの変異株に対してギリシア文字で名前をつける中で、15番目の文字にあたるオミクロンが登場すると検索数が急上昇した。

### 4位：Codify　成文化する、法律化する

議会が法律を制定するプロセスを意味する言葉。

6月24日に最高裁が「ロー対ウェイド裁判」を覆す判決を下した際、バイデン政権は中絶へのアクセスを認める法律を「成文化する」という発表を行った。この際に検索件数を伸ばし、前年比193%となった。

## 5位：LGBTQIA　セクシャルマイノリティの総称

毎年ジェンダーに関する単語がランクインするが、この年はセクシャルマイノリティの総称であるLGBTQIAが検索数を伸ばした。「L：レズビアン」「G：ゲイ」「B：バイセクシャル」「T：トランスジェンダー」は既知の単語というユーザーも、Q、I、Aについて検索するケースが目立った。特に6月のプライド月間には前年比1178％に上昇した。

Q：Queer/Questioning は「どの性にも当てはまらない。自分の性自認が不確か」。

I：Intersexは「中間性」を指す。

A：Asexualは「他者に対して性的欲求を抱かない」こと。

## 6位：Sentient　感覚のある、知覚できる

6月、GoogleのエンジニアがAI同社のAIチャットボットが人間のように「意識を持つ」ようになったと主張した際に「sentient」の検索が480％増加した。のちにこの主張はGoogleによって断乎として否定され、当該エンジニアは有給休暇を取得することになったが「人間らしいAIとは何か」という問題は、多くの人々の関心を集めることになった。

## 7位：Loamy　ローム層の、粘土質の

２０２２年、単語ゲーム「Wordle（１つの単語を特定するのに6回挑戦できる）」と「Quordle（４つの単語を特定するのに9回挑戦できる）」が流行。人々を辞書に向かわせ、滅多に検索されない単語が検索された。

８月にQuordleで出題された「loamy」は前年比４５０００００％となった。

## 8位：Raid　襲撃、ガサ入れ

８月、ＦＢＩが機密文書持ち出しの疑いでトランプの私邸マー・ア・ラゴに家宅捜索を行った際、検索数が９７０％上昇。「raid」は「法の番人による突然の侵入」という意味合いで用いられ、捜査が不当であることを主張する人々によって使われた。

## 9位：Queen Consort　王妃

翌年5月にイギリスでチャールズ国王の戴冠式が行われることが発表された。その際、カミラの呼称も「王の配偶者」を表す「Queen Consort」となった。アメリカ国内でもイギリスの情勢は関心を集めランクイン。「Monarch：君主」や「Jubilee：在位70年記念式典」などの王室関連用語も検索の対象に。

ＡＩの目覚ましい進化で、人間に取って代わる未来が見え隠れした２０２２年。ウクライナ侵攻が始まり、女性が中絶にアクセスする権利は奪われ、国内が混乱と分断に見舞われる中、真っ当な「対話」を希求する「声」が、ガスライティングという「悪行」を炙り出したのかもしれない。

## 【２０２３年】

### 1位：Authentic　ホンモノの

おそらくほとんどのアメリカ人が「Authentic」の意味は知っていただろう。それでも、この単語が昨年もっとも検索された点は非常に興味深い。多くの文脈で、人々が「ホンモノ」とは何かを考えた。ＡＩの発展に伴うフェイクとホンモノの境界の喪失、ソーシャルメディア上における言説の真実性、そしてセレブリティのホンモノの実力など、年間を通して絶えず検索された。

しばしばアイデンティティと結びついて語られる「Authenticity（ホンモノさ、自分らしさ）」。歌手のサム・スミス、そしてテイラー・スウィフトが、インタビューの中で、

２０２３年に「authentic voice（本物の声）」や「authentic self（本物の自分）」を求めると発言して話題となった。

コメディ界でもＳＮＳ上の人気があるコメディアンがプレゼンスを向上させていく中で、何が「ホンモノ」かが議論された一年だった。

「real」も検索数を伸ばしている。加工や煌びやかな世界のみを描くTikTokに対抗したアプリ「BeReal」が人気になったことも記憶に新しい。

**２位：Rizz　魅力的、チャーミングな、カリスマ性がある**

若い世代によって使われたスラング。「rizz」は「Charisma（カリスマ）」から発展してできた言葉という説もある。いずれにせよTikTokなどで頻繁に使われた。使い方は「He has rizz.」のように名詞としても使用できるし、「rizz up」のように前置詞をともなって動詞としても使える。

ちなみにイギリスの辞書『Oxford』の選ぶWord of The Year 2023は「rizz」だった。

**３位：Deepfake　ディープフェイク、ＡＩを用いた高度な合成技術**

「Deep Learning」と「Fake」を合わせたこの言葉。近年、ディープフェイクがより精巧になり、それらが政治に利用されていることは前項でも述べた。

この単語の検索が急上昇したのは、4月下旬から5月上旬にかけて。裁判で、イーロン・マスクの弁護団が、

「彼は有名人であり、その発言の一部はディープフェイクかもしれないから、公的な発言とされているものについても、それらについて法的な証言をする必要はないはずだ」と主張したことがきっかけ。もちろんこの主張は判事によって却下された。

ガザでの戦争においても双方がディープフェイクを使用したと言われている。

政治の場面においては、SNSの影響力とも相まって、同じイデオロギーを信じる人々が、信じたいものを信じ、共有しながら、より強固な結束でまとまっていく。そしてそれが真実かどうかはもはや問題ではないのである。

ちなみに2016年の『Oxford』の「Word of The Year」は「Post-Truth（真実に代わるもの）」。あれから8年。ますます何が信じられるかがむずかしい時代になっている。

## 4位：Coronation　戴冠式

5月、イギリスでチャールズ3世の戴冠式が行われたことで、検索が急増した。また、Netflixでもヘンリー王子のドキュメンタリー『ハリー&メーガン』が人気を集めた。

## 5位：Dystopian　反理想郷的な、暗黒の世界、ディストピア的な

ユートピアの対義語にあたるディストピア。まずは4月、共和党全国委員会がすべてＡＩを用いて制作したビデオの中で「ジョー・バイデンが大統領選に再選するとこんな『ディストピア的未来』が待っている」と警告する内容が話題を呼び検索数を伸ばした。

6月にはカナダの山火事の煙がアメリカを覆い尽くし「ディストピア的風景」を作り出した。年間を通して、ＡＩがいずれ人類に取って代わるというディストピア的な警告に満ちていた、と言える。

## 6位：EGOT（イゴット）　エミー賞、グラミー賞、オスカー、トニー賞をすべて受賞すること

ＥＧＯＴは「Emmy」「Grammy」「Oscar」「Tony」の頭文字をとったものでこれらすべてをひとりが受賞する快挙を指す。

2月にヴィオラ・デイヴィスが自身の回顧録のオーディオブック版の朗読でグラミー賞を受賞し、ＥＧＯＴを達成したことで検索がアップした。その受賞スピーチでＥＧＯＴを動詞として使い、「I just EGOT!」と叫んだ。

## 7位：X　旧Twitterの名称、X

もちろんこの語はイーロン・マスクがツイッターを「X」と改名したことで、多くの人がこの文字について知ろうと辞書を引いた。

リブランディングが発表された7月23日に885%の急上昇を見せた。

ちなみに日本の「ユーキャン新語・流行語大賞」でもこの「X」はノミネートされた。

## 8位：Implode　爆発する、内側に爆発する

普通、「爆発」は「Explode」を用いるが、今回の「Implode」は内向きに爆発することを示す。

6月、沈没したタイタニック号を訪れようとしていた潜水艇タイタンが消息を絶ったというニュースが飛び込んできた。結局、タイタンは海面下2マイルの巨大な水圧によって「implode」していたことがわかった。

## 9位：Doppelgänger　ドッペルゲンガー

自分自身の姿を見かける一種の幻覚「ドッペルゲンガー」。

2月、ドイツで自分にそっくりな見た目の人物を殺害する「ドッペルゲンガー殺人事件」なる事件が話題を呼び検索数が上昇。

4月には、2016年にロシア人の女が自分にそっくりなウクライナ人の女を毒入りニューヨークチーズケーキで殺そうとした「ニューヨーク版ドッペルゲンガー殺人未遂事件」で実刑判決が出た。

## 10位：Covenant　成約、契約、約束

「正式で、厳粛な、拘束力のある合意」または「書面による合意または約束」と定義される「covenant」。もともと聖書に登場する言葉。モーセの『出エジプト記』では「十戒」を指す。

3月27日にナッシュビルのコヴェナント・スクールで銃乱射事件が発生した際、検索数も上昇した。4月にガイ・リッチー監督の映画『The Covenant』が公開されて再び検索数がアップ。そして5月にはアブラハム・ヴェルゲーズの新作小説『コヴェナント・オブ・ウォーター』がベストセラーとなった。

そして、もっとも話題になったのは11月。新たに下院議長に選ばれたマイク・ジョンソンが「コヴェナント・アイズ」というアプリを使用していることが報道された。キリスト

教原理主義として知られるジョンソン。「コヴェナント・アイズ」というアプリに登録して、インターネットで有害なものを検索しないように、「パートナー」と監視し合っている。ちなみにパートナーは17歳の彼の息子だった。

**11位：Indict　起訴**

もちろん最も話題を集めたのは、ドナルド・トランプが、4つの別々の事件で起訴されたこと。過去にポルノ女優に口止め料を事業費として払って、業務記録の改ざんをしたという罪で、ニューヨーク市の大陪審がトランプを起訴したタイミングで前年比9440％と急上昇した。

**12位：Elemental　エレメンタル：基本的な、自然な、元素の**

「要素」「成分」や「元素」という意味。6月にピクサーの新作映画『Elemental』が公開されたタイミングで検索が急上昇した。ちなみに邦題は『マイ・エレメント』となぜか名詞化している。

**13位：Kibbutz　キブツ：多くの人が共同生活をしながら農作業などに従事するイスラエ**

**ル共同体**

ヘブライ語の「キブツ」という言葉がランクイン。イスラエル国外では聞き慣れない言葉だが、キブツとはイスラエルの共同農場または集落を指す。

検索が跳ね上がったのは10月に始まったハマスとイスラエルの衝突以降だった。「キブツに住む市民がその標的となった」というニュースの中で、多くの人が検索。

シェアオフィス「WeWork」の創業者にして、カリスマ社長として名を馳せたイスラエル出身のアダム・ニューマンがキブツで共同生活して育った点も検索数上昇に貢献した。共同生活が「We（みんなで）」というコンセプトのヒントになったが、事業は失敗し、この年破産申請を行った。

**14位：Deadname　デッドネーム：生まれたときの名前で、今はすでに使わなくなっている名前**

トランスジェンダーの人が生まれたときにつけられた名前をのちに変更した場合、今使っていない名前は「デッドネーム（死んだ名前）」と呼ばれる。

この言葉が話題になったのは3月。14の州で、学校で親が子どもの教育に干渉してもいい権利、いわゆる「Parental Rights（親の権利）」法案が提出された。その中で、トランスジェンダーの生徒に関する問題が議論された。親の権利を強めて、生徒本人の承認なしに、生徒がトランスジェンダーを自認していることを学校が親に伝えることを認めたり、デッドネームを用いることを容認している。学校側が、生徒自身の性自認を尊重しなくてもいいとしかねない法律に多くの人々が反発した。

1位の「オーセンティック」が指し示すように、人々が「ホンモノ」や「真実」とは何かを探し求めた一年だったことが窺える。より差し迫った「リアル」な問題としてのAIの脅威。ディープフェイクの政治利用に翻弄される社会。フェイクニュースで溢れるSNS。そんな状況の中で人々にとって「ホンモノ」であることの価値は以前にも増して高まっている気がする。

今年はどんな言葉が人々の関心を集めるのだろうか。

# 25 「今」を知るためのアメリカ・コメディ最前線

本章の最終項では、やはり私が身を置くコメディについて考察したい。いつの時代も社会を反映し、切り取り、笑いに変えてきたアメリカのコメディ。大げさに言えば、**コメディの「今」を知ることは、社会の「今」を知ること**に他ならない。

現行のシーンの潮流や、近年コメディ界で巻き起こった議論については昨年出版した拙著『スタンダップコメディ入門 「笑い」で読み解くアメリカ文化史』(フィルムアート社、2023年)の中で詳述しているため、興味のある方はご参照されたい。

本項ではスタンダップコメディアンの視点から、前作で書ききれなかった2023年以降のトレンドや事件を扱いながら、コメディ界の「今」に迫りたい。

## 切り抜き動画にフィットした「客イジリ」

コロナ禍以後、コメディ界にも「フォロワー数至上主義」時代が到来した。

それ以前も、音楽シーンやファッション業界などでその是非が問われていた、「フォロワー数」によって序列が決定されるという問題。「おもしろさ」というきわめて主観的な芸を扱うコメディにおいて、フォロワーの数と実力は比例しないという考えがシーンを支配していた。

しかし、ロックダウンによる休業や、入場者数の制限などの影響で、全国的に多くのコメディクラブが閉店を余儀なくされる中、生き残った多くの劇場は客席を埋めることができるコメディアン、言い換えるとすでにファンベースを確立しているコメディアンを積極的にブッキングする動きを見せ始める。インスタグラムやTikTokの「フォロワー数」という誰の目にも見える「数値」が、人気の判断材料となり、あたかも「実力」の指標かのように扱われる時流へと変容していった。

それまでインスタグラム上やTikTok上で知名度があるコメディアンのことを「Instagram Famous（インスタ有名人）」や「TikTok Famous（TikTok有名人）」と半ば揶揄する風潮さえあったが、2023年ごろからほぼすべてのコメディアンが自身のSNSにコンテンツを投稿し、フォロワー数を増やすことが「仕事の一部」になった。その多くは自身のライブを撮影した映像に字幕をつけた「切り抜き動画」で、英語では

「Clip」と呼ばれる。劇場にコメディアン自らカメラと三脚を用意し、自身のネタを撮影し、それを自らで編集するのが一般的だ。2023年以降、劇場に設置された各々のスマートフォンのカメラは、SNSのフォーマットに合わせ「横向き」から「縦向き」に変わった。楽屋でも若手からベテランのコメディアンたちが黙々とスマートフォンを使って自身のネタを切り抜き、編集している光景がもはや当たり前になった。

また、オチの意外性が重要であるコメディという特性上、自身の「鉄板ネタ」を投稿してしまうことでジョークの内容を開示してしまうリスクもあるため、多くのコメディアンが一回性のあるアドリブ芸を投稿するトレンドができた。すなわち、**劇場の客をいじる「Crowd Work（客いじり）」がもっとも切り抜き動画にフィットするフォーマットのジョーク**として今、最盛期を迎えている。

大手新聞『ガーディアン』紙やエンタメ誌『ヴァルチャー』などが、昨今の客いじりのトレンドについてこぞって特集記事を組んだことも示唆にとむ。

実際の感覚でも、2年前と比べて、圧倒的に多くのコメディアンが客いじりをネタに取り入れ、観客に積極的に話しかけ、対話をすることで笑いを取るスタイルに変容したように感じる。それ以前は、客いじりは作り込まれた「ネタ」ではないため「クリエイティヴィティを欠く」と忌避された時代もあったが、今では劇場の観客のみならず、カメラの向こうの何万人ものＳＮＳユーザーを楽しませるための芸として、コメディアンにとって不可欠になっている。

客いじりでその人気を決定づけたコメディアンにマット・ライフがいる。１９９５年生まれのマット・ライフは、２０２１年ごろから劇場での客いじりの切り抜き動画を積極的に自身のＳＮＳに投稿し、話題を呼んだ。その甘いマスクで多くの女性ファンを獲得し、現在インスタグラムでは８４８万人、TikTokでは１９１０万人のフォロワーを誇る。

２０２３年にワールドツアー公演を発表すると、ほぼすべての会場が即日ソールドアウトという人気ぶりを示した。そして同年にはNetflixからスペシャル『Natural Selection（邦題は『マット・ライフの自然淘汰』）』をリリースし、ワールドクラスのコメディアンの仲間入りを果たした。しかし本作には、映画評論サイト「ロッテントマト」で19％のスコアという厳しい評価が与えられた。元来、１時間のショーを行なって「一人前」とされてきたスタンダップコメディの世界。マット・ライフの切り抜き動画での短い客いじりは、１時間のコメディを遂行する「ホンモノ」のおもしろさではない、という意見が目立った。

こうしたネガティヴな意見は、歴史的に見ると、新興メディアやプラットフォームが登場した際、それらを活用し、人気を獲得したコメディアンに絶えず降りかかった批判とも重なる。いつの時代にも旧来の枠組みを飛び越え「新しい」笑いを構築したコメディアンには、とりわけ同業者から厳しい批判が寄せられてきた。

新時代のコメディを「客いじり」と「切り抜き動画」で牽引するマット・ライフ。「ホンモノ」を希求する時代の流れの中で、今後どのようなキャリアの展開を見せるのだろうか。

## 世界最大のコメディ・フェスが破産！

今年3月5日、コメディ界に衝撃が走った。世界最大のコメディ・フェスティバル「Just For Laughs」が経営不振により破産申請を適用すると報じられたのだ。

1983年から毎年、カナダのモントリオールで開催されている**コメディの祭典「ジャスト・フォー・ラフス」**。1ヶ月にわたって街全体でコメディ公演が行われ、まさに「笑いのみ」を目当てに世界中から多くの観光客が訪れることで知られている。1990年代からはその規模を拡大させ、名だたるコメディアンが出演し、もっとも権威あるフェスティバルとして業界の大きな注目を集めてきた。

中でも、「New Faces（ニュー・フェイセズ）」と呼ばれるイベントは例年最終日に行われ、フェスティバルの目玉となっている。タイトルの通り、これからブレイクする「新顔」約10名が大劇場で6000人の観客を前にネタを行い、その様子をテレビやクラブ、ネットフリックスなどのプロデューサーが見守る。

現在メインストリームで活躍するアメリカのコメディアンの多くが、このジャスト・フォー・ラフスの「New Faces」からスター街道を上っていった。コメディアンにとっては、出演すると一夜にして人生が変わる、まさに「M - 1グランプリ」のような位置付けだ。

このショーのために、1年間全米でオーディションが行われ、ブッキング担当が各地のクラブに足を運び、目を光らせ、明日のスターを「発掘」してくる。私自身、最終オーディションに7年連続進出しており、「今年こそは」と思っていた。

そんな矢先、3月5日、**突然ジャスト・フォー・ラフスの破産とフェスティバルの中止**の一報が舞い込んだ。このニュースはエンタメの枠を超え、CBSやロサンゼルス・タイムス紙でも大きく報じられた。

そしてブッキングを担っていたディレクターも含めた多くの社員が即日「レイオフ（解雇）」された。いつも私を推薦してくれていたディレクターのアリソンさんも、オーディションのため訪れていたロサンゼルスでこの日、フェスティバルの中止と、自身の解雇を告げられたという。

同日発表された声明の中で親会社のジュスト・プール・リール社は、「社内の取締役会は、すべての選択肢を幅広く検討した結果、組織の財務状況からは、正式な再建手続きを開始する以外に選択肢がないという結論に達した」と述べ、破産申請法の適用を示唆した。

そして改めて経営不振の要因を「メディア業界のビジネスモデルの変化」と分析した。より具体的には、「ネットワークや配信プラットフォームの統合により、テレビ制作はより困難になっている。そしてとりわけハリウッドのインフレとコスト削減が大きなインパクトを与えた」

フェスティバル運営のみならず、テレビの制作事業も行なっていたジャスト・フォー・ラフス。映像事業での逼迫が、メインでもあるフェスティバルの消失を招いたとすれば、なんとも口惜しい気持ちになる。

しかし、同日老舗エンターテインメント誌『ハリウッド・レポーター』が行なった分析が興味深い。

「昨今、インターネットやソーシャルメディアが、自らで自らを宣伝するコメディアンのプラットフォームとして台頭したことで、ジャスト・フォー・ラフスは新進気鋭のコメディアンの発掘ラインから外れてしまった」

つまり以前は、目利きのブッキング担当が全米をまわり、才能溢れるコメディアンたちを発掘し、このフェスティバルで全面的にお披露目することに大きな意義があったが、今やコメディアン自身がSNSを通じて自ら発信し、自らフォロワーを獲得し、自らプロモーションできる時代になったため、フェスティバルの意義そのものが薄れてしまったというわけだ。

この指摘、そしてフェスティバルの消失という事実は、**コメディがSNS時代に完全に突入した**ことを大きく印象付けた。

それでも時々刻々と変わりゆくコメディ・シーンの荒波にさらわれまいとしがみつきながら、今日も切り抜き動画を編集する私のようなコメディアンがアメリカには数多く存在する。

## 切り抜き動画の落とし穴

しかしそんな切り抜き動画が招いた、思わぬ落とし穴があった。

その中心にいたのは、ニューヨークを拠点に活動する女性コメディアン、ジョセリン・チア。元々はシンガポール出身の彼女だが、若くしてアメリカに渡り、市民権を取得。弁護士として活動したのちスタンダップコメディアンに転身した。

これまでコメディ専門のケーブルテレビ「コメディ・セントラル」に出演を果たすなど順調にキャリアを積み重ね、現在はアメリカ国内でもっとも権威のあるコメディクラブのひとつ、ニューヨークの「コメディ・セラー」にレギュラー出演している。

問題となったのは彼女が2023年6月に自身のSNSにあげた一本のライブの切り抜き動画。

チアはこの日、自身が「これまで100回は言ってきた」という鉄板ネタを「コメディ・セラー」の観客の前で披露した動画を投稿した。

「マレーシア、よく聞きなさい！　あんたたちは私たちシンガポールをバカにしてくるけど、あなたたちの飛行機は飛べやしないじゃない」

2014年、上空で消息を絶ち、未だに見つかっていないマレーシア航空のMH370

便をネタにしたこのジョークに、客席はどよめきと笑い声の合わさった反応を見せる。するとチアはこう続けた。

「ほらね、こんなジョーク、ちっとも笑えないでしょ。ときにジョークはこうやって『落としどころ』がわからないものなのよ」

と、「land」という「着陸」を意味する語と、話の「帰着点」を表す語をかけてオチにしてみせた。これには会場も拍手で応える。

この様子を収めた動画が公開されると、本国アメリカではなく、**ジョークにされたマレーシアを中心にインターネット上で大きな批判**が巻き起こった。

そして数日後には、マレーシア国内の最大政党である統一マレー国民組織（ＵＭＮＯ）の青年部をはじめとする１００人超のデモ隊が、クアラルンプールのアメリカ大使館を囲む抗議運動にまで発展した。

また、ＭＨ３７０便の乗客の多くが中国籍だったこともあり、中国でも大きな批判を呼んだ。

こうした状況を受け、シンガポールのビビアン・バラクリシュナン外相は、

「彼女はシンガポール人の代弁者ではないし、彼女の恐ろしい発言には愕然とする」

とポストした上で、マレーシアの人々にも謝罪の意を示すという異例の事態となった。

チア本人もＣＮＮの取材に答え、

「このジョークの本意はマレーシアとシンガポールの両国の歴史と、そこから来る友好的なライバル関係に起因するもので、決してマレーシアの人々を故意に傷つける意図はなかった。でも、自身でネタ動画を切り抜いてアップすることで、ジョークが異なる文脈になりかねないことに対しての配慮が足りなかった」

と述べ、自身のＳＮＳを一時閉鎖した。

もともと同一国家であった両国だが、１９６５年のシンガポール独立以来、別々の道を歩み、シンガポールがＩＴ立国として先進国の仲間入りを果たした一方、マレーシアは未だ発展途上だという見方もなされる。日常会話のレベルでも、両国に出自を持つ人々が互いにジョークにし合う様子は、アメリカ国内でもよく見られる光景だ。スタンダップコメディの分野でも、両国に居住経験のあるロニー・チェンや、マレーシア出身のナイジェル・ンーがそれぞれの国々をジョークにして笑いを取ってきた。**互いをいじりあうこうしたジョークは「Roast（いじり合い）」と呼ばれ、多民族国家アメリカで特に受容されてきた**歴史がある。

今回のジョセリン・チアのジョークが「犠牲者」を含む事故をネタにしたものだったと

いう点で、その批判をめぐり議論の余地はあるだろう。しかし、過去の事例と比較しても、なぜ彼女のジョークはこれほどまでに炎上し、国際問題に発展してしまったのだろうか。

その根底には、**SNSというグローバルなプラットフォーム上で拡散された、切り抜きの動画**だという要素が大いに関係しているように思えてならない。

そもそも、この動画が撮影された「コメディ・セラー」は先述のように、全米随一のクラブとして知られているため、連日、観光客を含んだ多くの観客で賑わうが、客席の人種バランスで見ると、やはり白人を中心に構成されており、アジア人は圧倒的なマイノリティに分類される。そのため、マジョリティの観客を前に、舞台の上でジョセリン・チアという「アジア系」のマイノリティ・コメディアンが、同じくマイノリティである他のアジア系を「いじり」ジョークにするという構成が、当日のオーディエンスにも共有されているからこそ、大きな笑いにもつながる。

しかし、コメディアンの姿と、観客の「笑い声」のみを切り取った動画においては、オーディエンスの姿は可視化されず、カメラに向かってチアが直接ジョークを投げかけるさまが鮮明に映し出される。この空間に居合わせなかった視聴者が、自身のスマートフォンでこのネタを鑑賞する際、居合わせた観客という存在は不在となり、不可視化されるため、ジョークのえぐみは幾分にも増すことが見て取れる。

そして、そのジョークが、日常的に行われているアメリカのコメディの文脈、文法を共有していない別の国々にインターネットを通して瞬時に伝播することで、大きな齟齬、批判が生じるという可能性に、動画の投稿主であるコメディアン自身が無自覚だったと言わざるを得ない。アメリカ国内で日々行われているマイノリティ同士のいじり合いが、国外で受容される際にその文脈を逸脱しうることを、チア本人が想定していなかったことは彼女のインタビューからも明らかである。

当然、チア本人に明確なマレーシアに対する敵意や差別意識があったとは思えない。しかし、本来であれば15分以上の持ち時間の中で伝えるジョークのコンテキストから、1分弱の動画を抜粋しただけでは、それを享受しうる、異なる文化の人々を不快にさせ、批判を呼ぶことは想像できたかもしれない。

グローバル化の波と、デジタル化の波、そして切り抜き文化の波。こうした荒波の存在にコメディアン自身が自覚的にならなければならない時代が訪れているのかもしれない。

## ジョークを「盛る」のはアウト？

これまで、近年のＳＮＳとコメディをめぐる議論を見てきたが、もうひとつ興味深い議論が昨年展開された。

人気スタンダップコメディアンのハサン・ミンハジのあるネタが「炎上」し、物議を呼んだのだ。そしてこの「炎上」は過去に巻き起こったジョークの「不適切さによる炎上」とは別の角度による「炎上」だった点で強調に値する。

2023年9月『ニューヨーカー』誌が、ミンハジが過去にステージ上で披露したネタが、誇張や捏造を含んでいたと批判的に報じたのだ。

このようにコメディアンが、いわゆる話を「盛った」とか「作った」という理由で批判にさらされた事例はきわめて珍しい。


カリフォルニア州出身でインド系ムスリムのミンハジは、ムスリムという立場からアメリカ社会に積極的に切り込む芸風で知られている。政治風刺コメディ番組『ザ・デイリー・ショー』のレポーター役で人気を博したのち、2019年からはネットフリックス制作の政治トークショー『愛国者として物申す』でホストを務めあげ、エミー賞も獲得。毎年コメディアンが政権風刺を行うホワイトハウス晩餐会のゲストにも選ばれ、まさに「物申す」コメディアンとして社会派の地位を確かなものにしてきた。スタンダップコメディの公演も精力的に継続し、スペシャル作品もリリースするほか、近年では俳優としても映画に出演するなど、まさにアメリカを代表するコメディアンへと成長した。

では改めて、そんな国民的コメディアンに対する、先述の『ニューヨーカー』の批判を具体的に見ていきたい。

ミンハジには「高校生のとき、ムスリムでインド系という理由で当時交際していた白人の女性にプロム（卒業ダンスパーティーの誘い）を断られ、以来、白人女性と付き合うのが怖くなった」という持ちネタがある。しかし『ニューヨーカー』の記者がその女性を探し出し、インタビューしたところ、プロムの誘いを断った要因は人種でも宗教でもなく、彼の人格のせいだったと答えたのだ。現に彼女は現在インド系の男性と結婚している、と語る。しかも、公演の際、ミンハジがツーショット写真をモザイクなどの加工を施さずに使用したことにより、彼女の身元が特定され、「人種差別主義者だ」と自宅に複数の脅迫状が送られたという。

他にも同誌は、昨年ネットフリックスから発表されたスペシャル『帰ってきた道化師』の中で披露されたジョークに言及する。ミンハジが２０１８年にサウジアラビアのジャーナリスト、ジャマル・カショギが暗殺されたことを話題にしたところ、自宅に脅迫の意味で炭疽菌が送られてきた、というエピソードが語られるが、その話自体が捏造だった、というのだ。本件についてはミンハジ自身も、それが作り話であったことを認めている。過去のインタビューでも自身のネタの多くは「Emotional Truth（感情的事実）」に基づいて作られている、と答えている。

そもそも前提として、多くのアメリカ人が、ステージ上で話されるコメディアンの話が、ある程度「盛られ」「作られ」ていることを理解していることは強調すべきであろう。「Joke」という言葉自体が（日本語の「ネタ」と同様に）フィクションを含んだ話という意味で用いられており、当然のことながら観客も、ジョークの多くが創作されたエピソードであるという認識を保持している。

それでも、今回ミンハジのジョークが炎上を招いた点は示唆に富む。これまで一貫してムスリムの視点から、アメリカ社会における生きづらさや、人々の偏見を笑いに変えてきたミンハジ。自身の不遇な体験談が、人々に考えるきっかけを与えてきただけに、それらのエピソードそのものが作り話だったことで、今後そのリアリティに疑問を感じざるを得ないという意見が目立つ。

そして今回、ミンハジへの批判の中でしきりに「Race Card（レース・カード）」という語が用いられた。「レース・カード」とは**自身の人種（とりわけマイノリティとしての）**

**を、切り札のように、つまり武器として用いる姿勢を批判的に指す言葉**で、彼が嘘のエピソードを話し、言い換えれば、自身の人種を「利用」しながら人々の耳目を集めることで現在の地位を築いたことへの批判が寄せられているというわけだ。

　当時『ザ・デイリー・ショー』はトレバー・ノアの後任の次期ホストの最終選考段階を迎えていた。そしてその最有力候補と噂されているミンハジ。このタイミングでのこうした報道は、彼の足元をすくおうとする何かネガティブな力が働いているのでは、という憶測も呼んだ。

　いずれにせよ、その「もっともらしさ」を武器に、鋭く社会にメスを入れることを芸風としてきたミンハジが、もっともらしいエピソードそのものを創作していたことが招いた物議。幸い、この一件でツアーのキャンセルや、目立った降板は生じなかった。

　繰り返しになるが、このキャンセル・カルチャー下のコメディにおいて、おそらく、その発言がアウトかセーフかということに、明確なルールブックは存在しない。

　際どいジョークを言うのも、話を盛るのも、作るのも、突き詰めると、結局のところ「誰が、どの文脈で、どのように話すか」にかかっているのかもしれない。

# 第4部

# 「アジア」から見るアメリカ

近年アメリカ国内でのアジア系の台頭が目覚ましい。
現在、大統領選を駆け抜けるカマラ・ハリスはアジア系。来年には史上初のアジア系大統領が誕生するかもしれない。

国内の人口動態から見ても、現在**アジア系の「存在感」**が増しているのは明らかだ。2020年に行われた国勢調査によると、アメリカ全土でアジア系人口が占める割合は7・2%だった。この数字は2000年の3・6%、2010年の4・8%と比較しても、大きく増加していることがわかる。そしてこの伸び率は全人種の中で最も高い数値となっている。

今、シカゴの街で「アジア人」に出会うことはきわめて容易だ。どのエリアにも**アジアン・レストラン**が存在するし、日本食に限って言えばramenやsushiはもちろんのこと、いつの間にか「onigiri」や「karaage」「edamame」も英語になった。

レストランの店内でも、さまざまな人種の人々が文句のつけようのない箸捌きで食事をしている光景にも驚かなくなった。アジア系が多く住むカリフォルニア州などでは、アジア文化との「距離感」はさらに縮まって、人々の生活に大きく入り込むだろう。

エンターテインメントに目を移しても、BTSをはじめとする近年の**K-Pop流行**の波は西海岸から東海岸まで全土に押し寄せ、いまだその勢いを保っている。『エブリシング・エブリウェア・オール・アット・ワンス』や『クレイジー・リッチ!』など、アジア人が銀幕で活躍する光景ももはや珍しいものではなくなった。

毎年5月の**「AAPI月間（アジア・太平洋諸島系アメリカ人の文化遺産継承月間）」**には、アジア系の文化を讃える催しが全国的に行われている。そして、コロナ禍に起きた**アジアン・ヘイト**は、アジア系の「団結」を呼び、多くの抗議運動が展開された。

19世紀にアジア人が移民としてアメリカ大陸に渡って以来、私たち「アジア人」の先祖が経験した差別や、克服してきた（その途上と言うべきかもしれない）ステレオタイプ、そして成し遂げた偉業や、戦争という悲劇。これらの「歴史」の延長線上に今の私のこの地での「暮らし」が存在している。

最終章でもある本章では、アメリカに住む「アジア人」の私が「当事者」として、この国の社会を見つめたい。

# 26 ようやく可視化された「われわれ」アジア人

## BTSはビートルズの再来？

前章で人口の増加に伴うラテン・カルチャーの興隆について論じたが、近年エンターテインメント・シーンでは、アジアの波がもはや見逃すことのできない現象として「可視化」されている。

音楽のシーンでは**BTSの活躍**が顕著であろう。

2017年に『DNA』でビルボードの総合シングルチャートに初ランクインすると、翌年はホールジーを迎えた『Boy with Luv』がスマッシュヒット。そして2020年にリリースされた全編英語の『Dynamite』がビルボードHot 100で初登場一位を獲得する。これはアジア勢としては1963年の坂本九『SUKIYAKI（上を向いて歩こう）』以来の快挙だった。

アメリカ国内で行われたツアーの熱狂ぶりは私の記憶にも強烈に残っている。シカゴでは2018年10月、ユナイテッド・センター（キャパシティ：約24000人）で2日間にわたって公演を行ったが、約半年後の2019年5月には、より大規模なソルジャー・フィールド（キャパシティ：61500人）で2日間のツアーを超満員で成功させたのだ。

当日、シカゴでは押し寄せるファンの影響でオヘア空港が混乱し、空の便に乱れが生じる事態にまで発展した。この日、私は自身の出演するショーにウーバーで向かっていたが、コンサートに向かう観客による大渋滞で、いつもなら10分あまりで着く予定が1時間半を要してしまい、出番に遅刻したことを覚えている。

いずれにせよ、こうした熱狂をすでに2017年の時点で人気コメディアン、エレン・デジェネレスが「ビートルズの再来」と評していたことは示唆的だ。自身が司会を務めるトーク番組『エレンの部屋』にBTSがゲスト出演した際、「あなたたちがロサンゼルス国際空港に到着したとき、本当にビートルズみたいだった」と評した。

韓国という異国からのアイドル／スーパースターの「襲来」を、同じくイギリス発のビートルズと重ね合わせる語りは、のちにスティーブン・コルベアが司会を務める『ザ・レイト・ショー』でも踏襲される。

2019年、同番組にゲスト出演したBTSは、ビートルズがアメリカのテレビに初出演した番組『エド・サリヴァン・ショー』を思わせる白黒の演出で紹介された。

ちなみに、シカゴに暮らして14年目を迎えるが、ポップスターの公演が巻き起こした渋滞であれほどの規模のものは過去に一度しか経験がない。その人物こそ、ポール・マッカートニーであり、その点でもBTSが「ビートルズの再来」というナラティブはなるほど妙に合点がいくのである。

## “われわれの”映画がシーンを席巻

映画においても近年アジア系の活躍はもはや誰の目にも明らかであろう。

2020年に『パラサイト 半地下の家族』がアカデミー賞4冠獲得、2021年に『ノマドランド』でアジア人女性が初のアカデミー賞で監督賞と作品賞受賞、同年マーベルの『シャン・チー』でアジア系のスーパーヒーロー誕生、そして2023年『エブリシング・エブリウェア・オール・アット・ワンス』がアカデミー賞作品賞受賞と快挙が続いた。こうした**「われわれ」アジア系**の映画はたしかにアメリカで好意的に受容されてきた。

今、ここであえて「われわれ」と述べたのは私自身がアメリカに暮らす「アジア人」としての認識を近年より強く持ち合わせてきたからである。日本で生まれ育った私にとって、渡米以前は、自らのアイデンティティは「日本人」にほかならなかった。しかし、とりわけエンターテインメントのシーンでも「アジア系」としての文脈で認識されると同時に、その「アジア性」を求められる10年間を過ごす中で、自身のアイデンティティの再構築がなされてきた感覚がある。それはコロナ禍で生じた醜悪なアジアン・ヘイトを経て、また「#StopAsianHate」を合言葉にアジア系が団結した時代の中で、より高まった感覚でもある。

そして、日本においては、この「アジア系」としての視点の「欠落」が、現行の日本のエンターテインメントの大きな特徴のように感じられる。「欠落」と書くとネガティブなイメージに聞こえかねないが、ここで強調したいのは、私自身、その視点の「欠落」自体が、歴史的な特徴も踏まえた日本社会の「個性」と捉えているため、他意はない。

たとえば、2018年アジア系のキャストとスタッフという意図した布陣で制作された

『クレイジー・リッチ！』の事例を考えたい。

本作は、初週から週末興行収入1位を獲得すると、最終的に興行収入2億ドル以上を叩き出す大ヒットを記録したが、ハリウッドにおけるアジア系の少なさを憂慮したアジア系実業家たちが「#GoldOpening」と呼ばれるキャンペーンをSNSで展開し、支援を募ったことも大きな役割を果たした。こうして集まった資金を用いて、各地でプレミアの無料上映会が行われ、それが全国ニュースとして流れたことがプロモーションに一役買った。詰め掛けた観客は、「同胞」の俳優たちがスクリーンで輝く様子に興奮した、とインタビューに答えていた。

ここで『クレイジー・リッチ！』に出演する俳優陣が**単一のエスニシティにとどまらない幅広いアジア系**であったことは強調に値する。主演のコンスタンス・ウーは台湾系、ヘンリー・ゴールディングはマレー系、そして脇を固めたオークワフィナも中国系と韓国系にルーツを持つ。

このように「パン・アジア」として打ち出された映画を「パン・アジア」な実業家たちが積極的にサポートし、アメリカ国内のアジア人コミュニティ全体で享受したという構図は興味深い。アジア人の、アジア人による、アジア人のための映画、まさに「われわれの映画」が、計画通りメインストリームの白人層にもクロスオーバーして受け入れられたのだ。こうした構図は同年公開の黒人スタッフとキャストで制作された『ブラックパンサー』と類似している。アジア系のユナイトがヒットを呼びこんだ本作は、作品としても、また「試み」としても多くのアジア系コミュニティで嬉々として受け入れられた。

翻って、日本公開に際し本作は、原題『Crazy Rich Asians』における「われわれアジア人の」という「Asians」の箇所が削除され『クレイジー・リッチ！』と題されたことは示唆に富む。「同胞」がついに銀幕で輝くという歓喜の文脈は、希薄なアジア人意識のもとでは成立せず、マーケティング的な観点で見ても、削除の対象となった。

本作は日本国内において、団結されたアジア系という「アイデンティティ」を意図的に剝奪され、アメリカ発のスタイリッシュなラブコメ作品、としてプロモーションされたのだ。当時のワーナーの公式サイトの紹介欄には、

「全米3週連続1位！クレイジーに！ゴージャスに！女同士のバトルを勝ち抜け！全世界の女子が共感する現代のシンデレラストーリー❤私の彼はスーパーセレブ、愛しているだけじゃダメみたい」

という惹句が並んだ。

ちなみに、「アジア人スタッフとキャストという意識的な座組での映画」では、古くは1961年公開のミュージカル映画『フラワー・ドラム・ソング』が好例だろう。

中国系アメリカ人作家C・Y・リーの原作をもとにロジャース＆ハマースタインが作詞・作曲したミュージカルを映画化し、サンフランシスコのチャイナタウンに暮らす中国系移民の家族の生活を描く。中国生まれで中国のライフスタイルを守ろうとする移民の世代と、「アメリカナイズド」し西洋化していく子どもの世代、そして市民権獲得に向けた動きなどが、コミカルかつ情緒的に、軽快なナンバーとともに描かれる。

中国系の登場人物の役をミヨシ・ウメキ（ナンシー・梅木）やジェームズ・シゲタといった日系俳優陣が演じているのもおもしろい。

そして作中で、中国生まれのマダム・リャンがアメリカ市民権を獲得した際に歌われるナンバー『チャプスイ』が興味深い。

**チャプスイ**とはアメリカで生まれた中華料理の炒め物のこと。どの店のメニューにも存在し、肉やシーフード、野菜など様々な具材を炒め合わせるアメリカではもっとも「一般的」な料理だ。

アメリカで生み出された中華メニューという点では、日本の洋食屋における「ナポリタン」や「オムライス」に近いかもしれない。

主人公のワン・チーヤンはアジア系アメリカ人のことを評してこう言う。

「アメリカで発明された中華料理、チャプスイのようだね。すべてが入って、混ざり合わさっているんだ」

それぞれの具材が個性を出し合い、混ざり合い、出来上がるチャプスイ。多くのわれわれアジア人はアメリカで、これまでそれぞれの「味」を出し合いながら、この国で独自の発展を遂げてきた。

誰もが知るチャプスイのように、「われわれの」映画は、今後アメリカのシーンをしばらく席巻するかもしれない。

## 爆笑をとるアジア系

コメディ・シーンにおいても近年アジア系が大きな注目を集めている。ネットフリックスがリリースするコメディ・スペシャル（1時間のライブ映像）は、スタンダップコメディアンにとってまさに「一流の証」だが、過去5年で実に多くのアジア系がその「お墨付き」を得た。

まずは、そのリストを見てみよう。

**ケン・チョン（2019年）**韓国系
**アジズ・アンサリ（2019年、2022年）**インド系
**ジョー・コイ（2019年、2020年、2022年、2024年）**フィリピン系
**ロニー・チェン（2019年、2022年）**中国系マレー人
**アリ・ウォン（2022年）**中国&ベトナム系
**ハサン・ミンハジ（2022年）**インド系
**モー・アマー（2021年）**パレスチナ系
**シェン・ワン（2022年）**台湾系
**ジョエル・キム・ブースター（2022年）**韓国系

「アジア系」と十把一絡《じっぱひとから》げに言っても、それぞれが多様な出自を持ち、それらを笑いで語ることを得意にしていることは興味深い。ネットフリックスに限らずいえば、ジミー・O・ヤン（中国系）やアツコ・オカツカ（台湾&日系）らがアマゾン・プライムやHBOからそれぞれスペシャルをリリースし、人気を獲得した。

その中でも、やはりほぼ全米でアリーナ公演を行うジョー・コイの活躍は目を見張るものがある。『ローリング・ストーン』誌をして、「今もっとも爆笑を取るコメディアン」と言わしめる彼は、この5年間で実に4本ものスペシャルをネットフリックスから公開した。

ジョー・コイは1994年にデビューしたベテランで、白人の父とフィリピン人の母を持つ。その持ち味は自身のフィリピン系の出自をネタにするジョークで、母のフィリピン・アクセントを真似たり、アメリカ文化との違いに困惑する家族を自ら演じてみせることで会場を笑いの渦に巻き込んできた。今年1月にはアジア系コメディアンとしては史上初となるゴールデングローブ賞の司会に抜擢され、名実ともにハリウッド・スターの仲間入りも果たした。

粗野なキャラクターをまとったその芸風は批判を招くことも少なくなかったが、授賞式でも映画『バービー』をいじったジョークが女性蔑視的と「炎上」した。これまでもそのデフォルメしたアジアのアクセント芸や、舞台で演じられるアジア人像がステレオタイプを再生産しているという批判を招いてきた。

このような批判の背後には、アジア系のエンターテイナーが長期にわたり克服しなければならなかったアメリカにおけるステレオタイプの「重さ」が起因している。

冷戦期以降、**勤勉な「モデル・マイノリティ」**として社会に認識されてきたアジア系。一見、ポジティヴに見えるこうしたステレオタイプに対しても、多くの専門家や人権団体が50年以上にわたって声を上げてきた。

そもそも「モデル・マイノリティ」という言葉は「他人種と比べ、暴動などを起こさず、苦難においても歯を食いしばり、おとなしく耐えるマイノリティ」という意味合いを内包しているが、その根底には、アメリカという国家に害を与えない人種でありながら、同時に、アメリカ社会には溶け込むことのない「永遠の他者」という見方が存在している。そのため、アジア系は社会において「透明化」され、長らく決して認識されえない存在として不可視化されてきたのである。

その結果、アメリカで生まれ育ったアジア系「アメリカ人」でさえもエンターテインメントの世界においては「オリエンタル」な像をまとい続け、自分ではない**ステレオタイプ化されたアジア人**という「他者」を演じなければならなかったことも遠い過去ではない。

そうしたステレオタイプを積極的に演じてみせ、再生産する芸のジョー・コイが「爆笑王」として名を馳せ、結果的にアジア系のプレゼンスを上昇させることで、アメリカ社会にアジア人を「可視化」させた点はきわめて皮肉といえよう。それでも「爆笑王」のアジア人の誕生は確実にシーンに活気を与えている。実際、ジョー・コイはフィリピンでも積極的に公演を行い、ファンベースを拡大させている。現地のコメディアンともコラボレーションをしながら、「地元」のシーンにも貢献してきた。

舞台に目を移しても、コロナ禍以降、アジア人をフィーチャーしたコメディ・ショーが数多く登場した。それは、2021年に顕著になったアジア人差別の流れに対抗するアジア系コメディアンたちによって生み出されたムーヴメントでもあり、時代の流れの中で生み出されたわれわれの「声」の表出ともいうべき事象なのかもしれない。

いずれにせよ、たとえばロサンゼルスでは、アジア人コメディアンのみが出演する「Crazy Woke Asians」というショーが行われ人気を集めている。シカゴでも、老舗クラブ、ラフ・ファクトリーでは同じくアジア人コメディアンが出演する「モデル・マジョリティ」というショーが定期的に行われている。私もプロデューサーのひとりとして、また演者としてこのショーに参加しているが、タイトルに込められた意味からも明らかなように、このショー自体に「勤勉で声を上げないモデル・マイノリティ」としてのステレオタイプ像を相対化するねらいがある。「アジア人がアメリカを笑わせる」という日常をあたりまえのように提供することが、この国での「われわれの」の長らくの悲願なのかもしれない。

2019年にネットフリックスからリリースされたロニー・チェンの『Asian Comedian Destroys America!（邦題は『ロニー・チェンのアメリカをぶっ壊す！』）』はその点で興味深い。マレーシア生まれのロニー・チェンはそれまでの常套句となっているようなアジア系ステレオタイプのネタを意識的に避け、アメリカそのものに「アジア人」という「外国人」の視点から積極的に切り込んでいく。その様子はまさに邦題の「アメリカをぶっ壊す」を体現している。その上で独自の視点に基づく洗練されたジョークと、そのエネルギーで観客の心をつかみ、爆笑をさらうチェン。

そしてタイトルの「destroy」には「大爆笑させる」の意味もある。まさに「アジア系のコメディアンがアメリカを大爆笑させる」瞬間が世界に「可視化」された瞬間でもあった。

ここ数年、アメリカに暮らすアジア人として、とりわけアジア系コメディアンとして、たしかに「われわれ」を取り巻く状況は少しずつ好転している気がする。それは社会における「存在感」という意味においても、そしてアジア系同士の「団結」という意味においても。何より、以前にもましてわれわれの「声」が届けられるようになった。それらは先人たちの努力のたまものにほかならないが、とりわけアジア系のエンターテインメントがアメリカの大衆に与えた影響も無視はできない。しかし、それでもまだ、もっと「destroy」しなければならないことは多い、とも感じる。

# 27 日本一有名なアスリートと、全米一有名なファイター

## お茶の間にも届いたスター、大谷翔平

2024年3月20日、衝撃のニュースが飛び込んできた。

「ロサンゼルス・ドジャースは大谷翔平の通訳、水原一平を『巨額の窃盗』の疑いで解雇」

オフに10年総額7億ドル（約1000億円）の超大型契約を交わしたスーパースターにまつわるこの一件は、当時スポーツ・ニュースでも大きく報道された。この一報をすっぱ抜いたのは『ロサンゼルス・タイムス』誌とスポーツ専門局のESPN。


とりわけ総力特集を組んだESPNで本記事を担当していたのはティシャ・トンプソンという女性記者だった。ホームページを見ると彼女の肩書きは「Investigative Reporter（調査報道記者）」とある。より具体的には「リーグの性的暴行やハラスメントの調査、また民事や刑事事件、スポーツ・チケットなどの消費者問題、その他のスポーツと権力にまつ

わる調査を専門としている」と記されている。
日本のマスメディアがオフシーズンの間に大谷翔平の移籍先や結婚をこぞって報じている間に、スポーツ専門局ＥＳＰＮでは連邦当局への聞き込み取材や、銀行情報のチェック、そしてドジャース球団へのインタビューなど賭博問題を丹念に調査していたという事実に、アメリカのジャーナリズムに対する姿勢を垣間見ることができるのではないか。

いずれにせよ、各局のスポーツ・コーナーはこの問題を「スーパースターの一大スキャンダル」として報じた。ひと足さきに韓国でパドレスとの開幕戦を迎えていたドジャース。この時点で他の球団はまだ開幕前であり、また例年この時期は「マーチ・マッドネス」と呼ばれるカレッジ・バスケットボールのプレーオフと重なるため、ＭＬＢのニュースはスポーツ・コーナーにおいてもそこまで時間が割かれないのが通例だが、それでも賭博問題はスポーツ界全体の注目事として扱われた。

「球界のスターと賭博」という見出しに、多くのアメリカ人がピート・ローズを想起したに違いない。ＭＬＢの歴代最多安打記録を保持するピート・ローズは監督を務めていた１９８９年、自身の試合を含む多数のＭＬＢ公式戦に賭けていたことが発覚し、永久追放処分を受けている。大谷翔平はもちろん、当の水原一平も野球賭博には関与していないため、永久追放処分とはならなかったが、多くのベースボール・ファンが一時、最悪の事態を思い描いた。

数日後にはＭＬＢのみならずＦＢＩやＩＲＳ（アメリカ合衆国内国歳入庁）が調査に乗り出し、ますます報道は加熱していった。日本でも連日、この一件がどの局でも「ニュース」として大きく扱われていたと聞く。

アメリカでは、スポーツ界でこそ大ニュースとして報じられていたものの、あくまでもスポーツの枠組みの中であり、一般のセクションにまでクロスオーバーすることは稀であった。「稀であった」と記したが、私自身２０２２年からＭＬＢの記者として記事を書くようになった立場から、連日注意深くテレビのニュースを観ていたが、ＣＮＮ、ＮＢＣ、ＡＢＣ、ＣＢＳ、ＦＯＸニュースのうち、一週間スポーツのコーナーを飛び越えて扱った局はなかった。

ちなみに、この時期は「トランプの民事裁判の賠償金問題」や「ボルチモアでの橋崩落」「ボーイング社の相次ぐ不備」「トランプが聖書を発売」などのトピックが「メイン」のニュースとして扱われていた。

アメリカでは、そのニュースが人々の関心をどれだけ集めているかを測る際、夜の帯トークショーの冒頭で司会がジョークにするかがひとつの「バロメーター」になる。実際、3月下旬から4月上旬にかけて、上記の「メイン・トピック」はNBCのジミー・ファロンとセス・マイヤーズ、CBSのスティーブン・コルベア、ABCのジミー・キンメルがこぞってネタにしてお茶の間に届けた。

一方で、大谷問題をモノローグにして届けたのは、ジミー・キンメルの『ジミー・キンメル・ライブ！』のみだった。この年オスカーでも司会を務めた国民的コメディアンのジミー・キンメルは切れ味の鋭い語り口で知られるが、報道翌日の3月21日の番組冒頭で、スタジオに詰めかけた観客に向かってこう語った。

「野球のシーズンインが間近だね。でもドジャースの〝700億男〟大谷の通訳、イッペイ・ミズハラが解雇されたんだって。ミズハラが実際のところ野球に賭けていたかはまだわからないけど、ひとつ言えるのは彼の髪型がピート・ローズとそっくりだってことだ」

と、ふたりの同じ髪型の写真を紹介すると会場には大きな笑いが起こった。

その上で、

「ちなみに翔平はまだメディアに対して何も語っていない。だって通訳を解雇しちゃったから」

と大谷のこともジョークにしてみせた。

上記の4つのトークショーはすべて全国に放送されているが、この『ジミー・キンメル・ライブ！』のみがロサンゼルスのスタジオから、ロサンゼルスの観覧客を前に生中継されている点は見逃せない。東海岸のニューヨークから生放送されている他の番組と異なり、『ジミー・キンメル・ライブ！』は「地元」のコメディアンが「地元」のスタープレーヤーを「地元」の観客の前で語った「ローカル」なジョークと見ることもできる。ローカルなスポーツの話題が、モノローグを通して、カメラの向こうのベースボールファンにも伝播し、広くアメリカ中のお茶の間に届けられた瞬間でもある。

そして、報道が加熱した3月26日には、ついにニューヨークから中継されているスティーブン・コルベアの『レイトナイト with スティーブン・コルベア』（CBS）でもコントとして扱われる。大谷がマスコミ向けに行った会見に、合成映像で「新通訳」としてコメディアンのブライアン・スタックを登場させ、メチャクチャな通訳をする内容で観客の笑いを誘った。

ここでジョークにおける扱われ方が、ジミー・キンメルのモノローグと、コルベアのコントで同じ角度だったことは興味深い。つまり、英語を話さないベースボール・スターという表象がこれらのジョークの根幹にあることは明らかだ。

7シーズン目を迎え、日常では流暢な英語を話すシーンが紹介されている大谷翔平。それでも、インタビューの際には水原一平が通訳をして彼の言葉を届けていたため、多くのアメリカ人がその「声」をリアルに感じる場面は多くない。必ずしも野球に興味があるわけではないアメリカの視聴者に届けられた大谷翔平の表象は「声なきベースボール・スター」というものだった。

それでも、スティーブン・コルベアのショーに、大谷翔平が登場した現象はひとつのセンセーションと捉えることもできる。**日本人のベースボール・スターが、アメリカを代表する番組でポップカルチャーとして「ネタ」になった**のである。それまで大谷がMVPを獲得しても、二刀流として数々の偉業を達成しても、あくまでもベースボールおよびスポーツの枠組みを出ることのなかったプレゼンスは、この一件で皮肉にも全米のお茶の間に到達した。

これ以後、ロサンゼルスから遠く離れたシカゴのコメディ・クラブでも大谷や水原の一件をジョークにするコメディアンが増えた。観客もそれに笑い声を上げることが、このニュースが大衆に届いたことの何より大きな証であろう。そして、その背景には当然、ベースボールというアメリカの古き良きカルチャーを先導する日本人プレーヤー、大谷翔平へのリスペクトが存在する。

ジョークとして成立するまでの「存在感」と大衆からの全国的な「リスペクト」を集めた大谷翔平というベースボールのスーパースターは、今シーズンもグランドでホームランを量産し、お茶の間でも少しずつその「声」を拡大している。

## 最も有名なアジア人アスリート、タケル・コバヤシ

今や、ほとんどのスポーツにアジア系をルーツにもつスター選手が存在し、シーンを盛り上げている。

先述した野球の大谷翔平はもちろんのこと、テニスの大坂なおみやスピード・スケートのアポロ・オーノ。バスケットボールでも八村塁やジェレミー・リン。ボクシング界のレ

ジェンド、マニー・パッキャオ。そしてゴルフではタイガー・ウッズもアジア系だ。

そんな中、忘れてはいけないひとりの日本人レジェンド「アスリート」がいる。**フード・ファイターのタケル・コバヤシ（小林尊）**だ。

アメリカで10年以上暮らしてきたが、**もっとも知名度のある日本人は「Kobayashi」であると言っても過言ではない。**

そもそも早食いや大食い競技を英語では「Competitive Eating（コンペティティブ・イーティング）」という。日本語では「フード・ファイト」と呼ぶが、「Food Fight」は食べ物を使っての喧嘩を意味するため、上記の語が用いられる。

コバヤシはそんな「コンペティティブ・イーティング」のシーンに、まさに彗星の如く登場した。毎年7月4日の独立記念日にニューヨークのコニーアイランドで開催されている「ネイサンズ・ホットドッグ早食い大会」。この大会では、時間内に誰がホットドッグを一番多く食べられるのかを競い合う。アメリカでは、全国的に独立記念日には、多くの人々がバーベキューを行うのが慣例だが、中でもホットドッグはもっとも一般的なメニューとして「アメリカらしさ」を体現してきた食べ物と言えよう。

そして本大会は、1916年に、そんなアメリカの「国民食」ホットドッグを誰が一番愛しているのかを競うために、移民4人を参加者にして始まった。

1970年代からは恒例化し、毎年会場には5万人の来場者が詰めかけ、その模様をスポーツ専門局のESPNが生中継するなど国民的行事に成長した。

2001年にデビューしたコバヤシは当時の世界記録の2倍を平らげるパフォーマンスでアメリカ人の度肝を抜いた。すらっとした体型ながら、次々にホットドッグを飲み込んでいくその姿には「The Tsunami」の愛称がつき、ソーセージを割って食べる独特のパフォーマンスには、聖書のソロモン王の挿話から**「ソロモン・メソッド」**の名がつけられコバヤシの代名詞にもなった。

この大会から前人未到の6連覇を果たすと、実況アナウンサーは「The best athlete ever（史上最高のアスリート）」と呼んだ。

それまでレクリエーション要素の強かった大会に鮮烈に登場し、コンペティティブ・イーティングをエンタメのみならず、スポーツたらしめたコバヤシはまさにアメリカのスーパー・スターになった。「先駆者」でありながら「レジェンド」でもあるコバヤシに対して、同業者のみならず、多くの著名人がリスペクトを表明した。あのブルーノ・マーズも彼の大ファンであることを幾度となく公言している。

そして昨今、アメリカでは日本風「Izakaya」のブームが到来し、各地に店舗を増やしているが、**多くの店でソーセージには「Kobayashi」という名前がつけられている。**アメリカでは通常ソーセージはビーフかチキンが多く、ポーク・ソーセージは稀である。そのため、日本スタイルのポーク・ソーセージには、ソーセージを象徴するコバヤシの名前が与えられ、多くのアメリカ人がその意味をも理解しているというわけである。

そんなコバヤシもMLE（メジャー・リーグ・イーティング）との契約問題で2010年を最後にこの大会に出場していない。（半ば出入り禁止処分とも言われている）

そしてコバヤシに代わる存在として、シーンに登場したのがジョーイ・チェスナットだった。2007年から2023年まで16連覇を成し遂げる絶対王者で、数々の記録を打ち立てるまさに新・レジェンド。

しかし、チェスナットは今年、ヴィーガン用の食品を扱う「インポッシブル・フーズ」と契約を結んだことにより、ネイサンズの大会から出入り禁止処分を受ける。

すると今年6月、そんな出入り禁止処分を受けた新旧レジェンドのために最高の舞台が用意されることが発表された。ネットフリックスがコバヤシとチェスナットのホットドッグ早食いの配信を発表したのだ。題して『CHESTNUT vs. KOBAYASHI : Unfinished Beef（邦題は『チェスナット vs.小林　食べかけのビーフ』）』。

この場合の「Beef」は「牛」と「罵り合い」という意味がかけられている。レジェンド同士のライバル関係を示唆するこの刺激的でウィッティなタイトルの一戦が行われるのは、これまた「バーベキュー日和」の祝日、9月2日のレイバーデイ。発表のあった6月、多くのスポーツ・ニュースはもちろん、一般のニュースでさえもがこの対戦を取り上げた。ネットフリックスも大々的にプロモーションを行っており、事実上のコバヤシの引退試合に華をそえる姿勢を見せている。

数々の偉業を成し遂げ、シーンを作った「レジェンド」タケル・コバヤシ。**アメリカの国民食を誰よりも平らげた日本人「アスリート」のラスト・ラン**にアメリカが注目している。

追記：ジョーイ・チェスナットが世界記録となる83本を平らげ、コバヤシの66本を上回り「史上最強」の称号と賞金10万ドルを手にした。

# 28

# アジア人ミュージシャンとしてのブルーノ・マーズ

## 5月17日は大谷翔平の日

ロサンゼルス市は今年、**5月17日を「Shohei Ohtani Day（大谷翔平の日）」**に制定すると発表し、大きな話題を集めた。

この「17」という数字は彼のドジャースでの背番号にあやかってのことだが、「5月」が選ばれたのにも明確な理由がある。

アメリカでは毎年5月が「Asian American and Pacific Islander Heritage Month（アジア・太平洋諸島系アメリカ人の文化遺産継承月間）」（以下「AAPI月間」）にあたり、アジア系のルーツを持つ人々の文化を讃えるひと月になっている。

ほかにも、多くのマイノリティの権利と歴史、文化を讃える月間が数多く存在し、2月は「ブラック・ヒストリー・マンス」、3月は「ウィメンズ・ヒストリー・マンス」、6月は「プライド月間」、そして9月15日からの1ヶ月間は「ヒスパニック・ヘリテージ・マンス」などと定められている。

もともとは1970年代、下院で議会のスタッフだった中国系のジニー・ジューという女性が5月の最初の週を「AAPI週間」に定める法案を議員に持ちかけたのがきっかけだ。ちなみにジューは大陸横断鉄道の建設に従事した両親を持つ。上院でも、日系人初の議員ダニエル・イノウエや、スパーク・マツナガらの尽力で法案が提出された経緯がある。

1843年5月に最初の日系人（ジョン万次郎）がアメリカに到着したこと、そして1869年5月に多くの中国系移民の労力が結集した大陸横断鉄道が完成したことから、5月が「AAPI」の歴史を讃える月間に選ばれた。

1978年にはジミー・カーター大統領が共同決議案に署名し、正式に「AAPI週間」として成立した。2009年にはバラク・オバマ大統領が大統領令に署名し、最初の一週目のみならず、5月をAAPI月間にすることが決まった。

AAPI月間にはアジア系のルーツや文化、そして歴史を讃えるイベントや、展示が全国的に行われる。アジアン・フードフェスティバルや、アジア系のアーティストをフィーチャーしたコンサートに演劇、さらにはMLBでも「アジアン・ナイト」が各地で開催されている。今年はシカゴ・カブスも「AAPIヘリテージ・セレブレーション」と題したセレモニーを行い、アジア系のファンをスタジアムに招待したほか、鈴木誠也と今永昇太のイラストが描かれたTシャツが来場者にプレゼントされた。

私自身、AAPI月間にはいつもより少しだけ忙しい日々を送る。今年もフード・フェスティバルの司会のためにシンシナティやインディアナポリスに行ったほか、シカゴでは地元のラジオ番組に数多くゲストとして呼ばれた。

舞台でもアジア系コメディアンを求める機運の中で、一日に複数の会場で連日公演を行う「特需」がやってきた。

この期間、自身のアイデンティティがアジア人であることをより一層意識させられるとともに、そんなアジア人としての「声」を届けてきた。

## 「われわれアジア系」のブルーノ・マーズ

そしてその間、会場を「はしご」する際、移動のウーバーの中でよくラジオを聴いていたが、多くのラジオ局がAAPI月間特集と題し、積極的にアジア系ミュージシャンの楽曲をプレイしていたのが印象的だ。先述のBTSはもちろんBLACKPINKやジャパニーズ・ブレックファストもヘビー・ローテーションされた。しかし中でも、2024年もっとも頻繁に耳にしたアジア系のミュージシャンこそ**ブルーノ・マーズ**だった。

彼を「アジア系」と評することに首をかしげる読者もいるかもしれない。しかしラジオ局はこぞって「アジア系」のミュージシャンとしてブルーノ・マーズを紹介していた。

ブルーノ・マーズ（本名：ピーター・ジーン・ヘルナンデス）はプエルト・リコ系ユダヤ人の父とフィリピン人の母の間にハワイで生まれた出自を持つ。

前述の大和田俊之著『アメリカ音楽の新しい地図』（筑摩書房、2021年）では、このブルーノ・マーズというポップスターを通して、アメリカの歴史を再考察している点で興味深い。

1893年、アメリカは西海岸の安全保障や捕鯨基地確保を目論み、ハワイ王朝を廃止させ、のちに併合した。さらには1898年にスペインと米西戦争を行い、旧スペイン領のプエルト・リコを保護国としカリブ海地域への影響力を強めると、太平洋でもフィリピンとグアムを領有した。

著書の中で大和田は言う。

「ブルックリン出身のプエルトリコ系ユダヤ人の父親とフィリピン出身の母親を持ち、ハワイで生まれ育ったブルーノ・マーズは、その意味で19世紀末のアメリカ帝国主義、とりわけその植民地主義の痕跡を文字通り体現する存在だと言えるのだ。」

孤立主義を転換させ、植民地主義へと転じた19世紀末のアメリカの外交政策。ブルーノ・マーズという存在を、その「産物」と見る視点は合点がいく。

そして、そんなブルーノ・マーズが最初に脚光を浴びたのがエルヴィス・プレスリーのモノマネだったことは示唆にとむ。幼少期、エルヴィスの曲を完璧に歌いこなす少年として地元のテレビにも特集されている。

黒人由来のリズム&ブルースを白人として歌うことで、白人マーケットにクロスオーバーさせ「ロックンロールの王様」となったエルヴィス。しかし、それらが黒人文化の「搾取」だという批判的文脈も目にする。

その意味で、ブルーノ・マーズのキャリアが、大和田の言う「宗主国のアイコン」エルヴィスの模倣でスタートしている点はおもしろい。

ご存じの通り、その後のブルーノ・マーズの音楽性はより「黒く」展開していくことになる。とりわけ3作目のアルバム『24K Magic』ではR&B色を全面に押し出し、1990年代のニュージャックスウィングの要素を盛り込み、グラミーでは最優秀アルバム賞を獲得している。2021年にリリースされたアンダーソン・パーク（母が韓国出身）とのデュオ・シルクソニックでの『Leave The Door Open』でも意識的に1970年代のフィリー・ソウルを思わせる甘いボーカル・スタイルをある種パロディ要素を含めて表現している。

ちなみに「ブルーノ」という芸名は幼少期に似ていたプロレスラー、ブルーノ・サンマルチノから。そしてデビューが決まりレーベルとの契約を交わす際、ヘルナンデスという苗字から、ラテン・ポップの歌い手として売り出されようとしたことに難色を示した本人が、「地球の範疇に収まらないMars（火星）」という意味を込めて「マーズ」と名乗った。

近年の「黒い」音楽性に対して、カルチュラル・アプロプリエーション批判が向けられることも少なくないブルーノ・マーズ。しかし、そうした批判にこそ、ブルーノ・マーズの芸名に込められた「願い」とともに返答するのがフェアであろう。

アメリカの帝国主義の歴史を体現する存在の「アジア人」ブルーノ・マーズが真似る「白い」エルヴィスという存在。そして「アジア人」によって表現されるブラック・ミュージックとそれにまつわる批判的文脈。

**アメリカという国がたどった搾取と侵略の歴史、そして混ざり合わさった文化と議論の先に存在するブルーノ・マーズ**という稀代のスター。

もはや地球という枠に収まりきらないという願いが込められたブルーノ・マーズというポップスターは、それでも「われわれアジア系の」ミュージシャンなのだ、と毎年5月に改めて感じ入る。

# 29 100回"殺されて"貨幣となったアンナ・メイ・ウォン

2022年10月24日、あるアジア系女性の肖像が用いられた25セント硬貨の流通が始まった。彼女の名前は**アンナ・メイ・ウォン**。今から100年以上前に活躍したサイレント映画のスター女優である。**アジア系女性の肖像が、アメリカの貨幣に用いられるのは初めて**のことだった。

近年、各界で道を切りひらいた女性たちに光を当てる「アメリカン・ウィメン・クォーター・プログラム」という企画が行われてきた。クォーターとは25セント硬貨のこと。これまでは、詩人で活動家のマヤ・アンジェロウ、アメリカ人女性として初めて宇宙に飛んだサリー・ライド、チェロキー・ネーションの首長だったウィルマ・マンキラー、そして婦人参政権運動のリーダーを務めたニナ・オテロ・ワーレンのデザインが製作されていたが、第5弾として公募を経て選出されたのがアジア系女優のパイオニア、アンナ・メイ・

ウォンだった。

## 典型的な「オリエンタル」俳優

1905年、ロサンゼルスのチャイナタウンに中国系アメリカ人3世として生まれたアンナ・メイ・ウォン。7歳の頃には義和団事件を描いた映画『The Red Lantern（紅燈祭）』にエキストラとして出演する。16歳で映画『恋の睡蓮』にて主演を務めると、大きな目に、おかっぱ頭、そして何より170cmを超えたすらりとした抜群のスタイルで注目を浴びることになる。

ちなみに『恋の睡蓮』は、中国人女性とアメリカ白人男性の悲恋を描く作品で、彼女はクライマックスで海に入水自殺している。

健気に男性を待ち、最後は悲恋の自死を遂げる、というもっともステレオタイプ的なアジア人女性のいわば「雛形」を演じてみせたアンナ・メイ・ウォン。

これらのアジア人女性の表象は、古くは『蝶々夫人』に始まり『ミス・サイゴン』など今日にいたるまで、何度も繰り返し「オリエンタルな」姿として描かれてきた歴史がある。

アンナ・メイ・ウォンが世間で広く知られるきっかけになったのは1924年公開のサ

イレント映画『バグダッドの盗賊』。１９２４年というと、日本ではまだラジオ放送すら始まっていない時代。しかし、この『バグダッドの盗賊』は大がかりなセットとトリッキーな撮影を駆使し、ヒットを記録している。

このファンタジー映画の中で、ウォンが演じたのはヴィラン。当時としてはめずらしいビキニ・スタイルの水着を着て、モンゴルの王子と策略をくわだてる悪女を好演した。

ちなみにモンゴルの王子を演じたのは日本人俳優、上山草人《かみやまそうじん》。サイレント映画の時代、英語を話さなくても演技が可能だったため、多くのハリウッド作品に出演しているが、興味深いのはその役どころだ。チベットの僧侶や中国人探偵、トルコのサルタンなど、アジア系の全てを網羅している。そしてどの役も、今の時代では論争を引き起こすほどの露骨にカリカチュアされたステレオタイプ的な悪役に限定されていることが、当時のハリウッドにおけるアジア人の扱いを示唆する。そして、のちにトーキーの時代が訪れると、上山はひっそりと日本に帰国している。

## 「私たちはそんなんじゃないの」

話を戻そう。『バグダッドの盗賊』の中で、アンナ・メイ・ウォンと上山草人はあくまでも得体の知れない悪人として描かれる。そしてサイレント映画において「声」を剝奪されたアジア人としての表象と相まって、より一層その存在はミステリアスに浮かび上がる。それがウォンの妖艶さをさらに強調し、スクリーンの中での存在感を強めている。

実際、ウォンはこの映画から「チャイニーズ・ヴァンプ」の異名を欲しいままにしていく。「ヴァンプ」とは「ヴァンパイア」の短縮系。男性にとってはどこまでも魅力的だが、最終的に破滅に追い込む魔性の女や悪女を指す。以後、ウォンは立て続けにヴァンプを演じていくことになる。『ピーター・パン』や『人肉の桑港《サンフランシスコ》』『ミスター・ウー』でのエキゾティックな女奴隷、邪悪なドラゴン・レディー、ミステリアスな妊婦、そして売春婦という、これでもかというほどに強調された「オリエント」な像をまとわされている。

彼女の功績やハリウッドにおけるアジア人の表象を記した村上由見子著『イエロー・フェイス　ハリウッド映画にみるアジア人の肖像』（朝日選書、1993年）に登場する、当時のハリウッドのカメラマンが彼女に対する印象を述べた語りが興味深い。

「彼女は（筆者注：私のスタジオで）神秘のオーラを携えてポーズした。あたかもその袖の下に鋭い短剣を隠しているかのように」

このコメントに、当時の（そして今なお続く）アジア人女性の業界での描かれ方が集約されている。危険なオーラを放つ艶かしい像は、よりセクシャルな表象として主に白人男性に受容され、今日にいたるまで継承されてきた。

そして当の本人はそうした描かれ方に常に葛藤を抱いていたことは、強調に値する。以下はウォンが20代のときにインタビューに答えたものだ。

「スクリーンの中の中国人はどうしていつも残忍な悪者で、嫌われ者の敵役なのかしら。凶悪で反逆的で。私たちはそんなんじゃないの。西洋人よりも遥か昔から文明を築いてきたの。私たちは、品行や栄誉に対する美徳や厳しい規範を持っているの。でもどうして私たちは常に何かをたくらみ盗み、殺さなければならないのかしら。もううんざりよ」

この場合の「私たち」は、ロサンゼルスで洗濯屋を営む父を指すのかもしれないし、アジア系全体を指すのかもしれない。

いずれにせよ、先述の『イエロー・フェイス』で村上は、

「スクリーンの中では忌み嫌うべきものとして描かれ、中国系であることにプライドを持つチャンスすらも与えられない。アンナ・メイはきらびやかなハリウッドにいながら、引き裂かれた自分を意識せざるをえなかった」

と指摘する。

## ぬぐい切れなかったステレオタイプ

ハリウッドでのこうした扱われ方に辟易としたウォンは、1928年、23歳のとき突如ヨーロッパへ拠点を移した。このいわば逃避行とも呼ぶべき渡欧の中で、ロンドンではローレンス・オリヴィエと共演し、ドイツ語とフランス語も猛勉強の末に習得し、現地の舞台も踏んでいる。

しかし3年後には再びアメリカに帰国。映画『龍の娘』にこれまた悪女の役で主演しているが、この際の雑誌の論評が興味深い。

「アンナ・メイ・ウォンは実に西洋化して戻ってきた。気取った英語を喋るようになった。そして彼女は実に西洋的にものごとを考えるようになった。物腰もファッションも、ユーモアも態度も何もかもが西洋的である。彼女のいうお茶とはもはやイギリス式のティーのことである」

当然のことながら、**アンナ・メイ・ウォンはアメリカ生まれの「アメリカ人」**にほかならない。しかし、この論評からもアジア人が「永遠の他者」とみなされていることがよくわかる。そして『龍の娘』のエンディングでもお決まりのように、ウォンは殺される。

1936年には中国にも出向いているが、中国語がそれほど堪能ではなかったために、あたたかい歓迎を受けることもなかったというエピソードも残っている。アイデンティティを見つめ続け、苦しみ続けたウォンは1942年、37歳で映画界から引退。彼女が活躍の場を求めたのはラジオだった。姿の見えないラジオでは、アジア人であることに気づかれないため、思い切り表現ができると、新天地に希望を見出したのだ。

そして、アジア人キャストとスタッフで制作された先述の映画『フラワー・ドラム・ソング』の母親役として映画復帰が内定していた矢先、1961年アンナ・メイ・ウォンは56歳の若さで亡くなった。ヴィランでないこの母親役を、ウォンはたいへん楽しみにしていたという。

その日に『タイム』誌に掲載された追悼記事が、当時ハリウッドが彼女をどのように扱っていたかをよく描写している。

「中華系3世のスター女優アンナ・メイ・ウォンが死亡。洗濯屋でもある彼女の父は最後まで娘が映画の道に進むことに反対していた。『写真を撮られるたびにお前は魂を失うんだ』と説得していたという。そうだとすれば悪女を幾度となくスクリーンの中で演じたこの女優は1000回以上死んだことになる」

のちの時代にUCLAのアジア人研究センターのジュディ・チュー博士は、この記事を、「彼女は惨めなことに、その業績によって評価される存在ではなく、お粗末なオリエンタルジョークで語られる対象でしかなかった」

と断罪した。

彼女の死から、61年が経った2022年。

その功績は彼女の肖像とともに現代のアメリカの硬貨に刻まれた。そして、その肖像こそ、**彼女が終生苦しみ抜いたアメリカにおけるアジア人女性としての「肖像」**なのかもしれない。ステレオタイプ化された「オリエンタル」な肖像は今なお、エンターテインメントの世界にも、日常生活にさえも残存しているように感じる。

選出に際しての造幣局の主任代理はこう述べた。

「彼女の物語と功績はこの国の文化にしっかりと刻み込まれています」

アンナ・メイ・ウォンというひとりの女性のものがたりと功績、そしてアジア系の苦悩の歴史、さらには現行の葛藤が刻まれた25セント硬貨。

アンナ・メイ・ウォンが生きていた１００年前と比べて、少しはいい世界になったのだろうか。

# 30 知られざる「日系人」強制収容所

今年2月、コロラド州のある場所が新たに国立公園として制定された。およそ600エーカーのこの場所は「グラナダ移転センター」または「アマチ」と呼ばれている。そしてこのアメリカでもっとも新しい国立公園のひとつが、私たち日本人の歴史に大きく関わっていることを多くの日本人が知らない。

コロラド州南東部の田園地帯にあったこの場所は、**太平洋戦争中、1万人以上の日系アメリカ人が収容された、いわゆる「Concentration Camp（強制収容所）」**だった。ちなみに、ほかの6つの収容所はすでに国立公園に指定されており、アマチは正式にその仲間入りをすることになった。

## 12万人の日系アメリカ人、日本人が収容

ご存じの通り1941年12月8日未明（日本時間）、日本軍がハワイ沖、真珠湾を攻撃したいわゆる「パールハーバー」をきっかけに太平洋戦争が勃発した。日米開戦以前からすでにうごめいていたアメリカ国内での反日感情は、これ以後、一気に高まりを見せるようになる。

当時、アメリカに住む日本人、そして日系アメリカ人までもが「Hostile Citizen（敵性市民）」とされ、スパイや国家転覆などの監視の対象にされた。同時に、ロサンゼルスやサンディエゴなど西海岸の都市では、さらなる日本軍の攻撃に備え、港湾の警備を強化するとともに、ナイトクラブの夜間営業を禁止にするなどの緊急態勢を敷いた。

こうした中で1942年2月19日、当時の大統領、フランクリン・ルーズベルトが「大統領令9066号」に署名。この大統領令により、陸軍長官と軍に特殊地域を直接管理下に置くことができる権限が与えられた。つまり、司令官の裁量で、特定の住民を立ち退かせることができるようになったのだ。

そして、翌1943年にはキャンプでの強制収容が始まった。カリフォルニア州やオレゴン州、ワシントン州、コロラド州、ユタ州など西海岸を中心に展開されたキャンプでは、

終戦まで約12万人の日系アメリカ人と日本人が厳しい生活を余儀なくされた。土地も財産も失った者が少なくないばかりか、収容所では粗末なバラックでの暮らしを強いられ、健康を害する人々も多かった。

そして**12万人のうち、実に9万人が日系「アメリカ人」**だった。アメリカで生まれ、日本語すら話すことのできなかった日系アメリカ人でさえ、「日本の血が入っている」という理由で収容所に入れられたのである。

そしてキャンプでは、繰り返しアメリカへの忠誠を問われた。「出所許可申請書」と呼ばれた書類には多くの質問が記載されており、それらにすべて「Ｙｅｓ」と答えると出所が許される仕組みだったが、その場合は概してアメリカ兵として戦場へ送り込まれた。そして「Ｎｏ」と答えると、「敵性市民」としてより過酷な収容所へ移送された。

とりわけ2つの質問が彼らを悩ませたと言われている。

質問27：貴方は命令を受けたら、いかなる地域であれ合衆国軍隊の戦闘任務に服しますか？

質問28：貴方は合衆国に忠誠を誓い、国内外におけるいかなる攻撃に対しても合衆国を忠実に守り、且つ日本国天皇、外国政府・団体への忠節・従順を誓って否定しますか？

「質問27」は女性を、そして「質問28」は移民1世で日本国籍を保持している者を困惑させた。結果的に両方の質問に「Ｎｏ・Ｎｏ」と答えた人々は、過酷な労働環境のキャンプへ送られ、**「ノーノー・ボーイ」**と呼ばれた。

のちの時代、日系2世のジョン・オカダは『ノーノー・ボーイ』という小説で、戦場に行かなかった「アメリカ人」の主人公の葛藤と苦難を描きベストセラーとなった。日本では、グループサウンズ全盛期にザ・スパイダースが同名の曲をリリースしているのも興味深い。

## 強制収容に声を上げたフレッド・コレマツ

当時から強制収容に声を上げる日系人がいた。カリフォルニア州オークランド出身の**フレッド・コレマツ**だ。塗装工をしていたコレマツは、強制収容命令を無視して整形手術を受けながら逃走するが、１９４２年に逮捕。その後、アメリカによる日系人強制収容は違憲だと提訴するも、１９４４年に敗訴している。その際、最高裁は、「日本のスパイ活動は事実であり、戦時下においては必要な手段であるから、強制収容は違憲ではない」

という判断を下している。

コレマツは終戦後も30年にわたって沈黙を貫いていたが、この間に公民権運動が高まりを見せ、日系人初の上院議員ダニエル・イノウエの尽力もあり、強制収容の歴史認識に変化が生じていく。

多くの日系人や人権団体の働きかけにより、ついに1976年2月19日、ジェラルド・フォード大統領は「アメリカの約束」と題された宣言の中で「大統領令9066号」を廃止し、**公式に「強制収容は国家的な誤りだった」と認めた。**

その上で、

「this kind of action shall never again be repeated（このような行為が二度と繰り返されないようにする）」と記した。

その後も、1980年、ジミー・カーター大統領は声明の中で、強制収容を「軍事的必要性に基づいたものではなく、人種差別的感情に基づいた不当なもの」と述べ、収容を経験した6万人に2万ドルの賠償金を支払うことを承認した。

ロナルド・レーガン大統領は1988年、

「日系アメリカ人の基本的自由と憲法上で保障された権利を著しく侵害したことを、連邦議会は公式に謝罪する」

と述べ、国内で強制収容の歴史を学ばせるための教育資金として12億5000万ドルを捻出することを発表した。

のちのジョージ・ブッシュ（父）政権にも政策は引き継がれ、1999年までに総額16億ドルの賠償金が82210人を対象に支払われた。


そして1998年、フレッド・コレマツには、文民として最高の栄誉に当たる大統領自由勲章が与えられた。このとき、勲章を授与したビル・クリントンはコレマツを、「ホーマー・プレッシー（黒人差別として続いてきたワン・ドロップ法に声を上げた黒人人権活動家）、オリバー・ブラウン（黒人の教育について声を上げた活動家）、ローザ・パークス（公民権運動の「母」）に並ぶ英雄」と評した。

コレマツは2005年に86歳で亡くなるが、それから6年後の2011年、**司法省は公式に、コレマツの判決は過ちだったと認め、犯罪歴も正式に抹消された。**

こうして歴代大統領にも継承された日系人収容をめぐる政治的認識は、バイデン政権でも踏襲される。2022年2月19日、ルーズベルトの大統領令9066号から80年を迎えたこの日、バイデンは「第二次世界大戦中の日系人強制収容を追悼する日」と題した公式声明を発表。その中で、日系人の公民権の剝奪を「人種差別と外国人排斥に基づく悲劇」であり「わが国のもっとも恥ずべき歴史」と述べた。そして、日本語を盛り込み「**Nidoto Nai Yoni.（二度とないように）**」と締めくくった。

この声明からまもなくバイデンは、冒頭のアマチを国立公園に制定する法律に署名した。

現在、連邦レベルでも**2月19日は「日本人強制収容を追悼する日」**に制定され、バイデンも毎年この日に声明を発表している。

アマチが国立公園に制定された日のデブ・ハーランド内務長官のコメントは考えさせられる。

「この場所が国立公園になることで、わが国のものがたりにおける重要で痛みを伴うチャプターを、後世のために保存し、称えることにつながります。国家として、より公正で公平な未来を築くためには、過去の過ちを直視しなければなりません」

今年2月19日、シカゴの日系人コミュニティが開催する追悼イベントに参加した。アメリカに渡るまでは、この日がどんな意味を持つかなど知るよしもなかった。この日、イベントに参加した日本人は私だけだった。

あれから80年が経ち、キャンプを経験した日系人はほとんどいなくなった。昨年、キャンプを知るコミュニティの最年長の女性が亡くなった。会の終盤、81歳の会長に言われた。

「I hope that your generation will learn and pass on the history of the Japanese American people and make our people in Japan understand the tragedy of the war.（君たちの世代が日系人の歩んだ歴史を学び、日本にいる『同胞』にも戦争の悲劇を伝えてほしい）」

歴史を知り、見つめ、そこから学びよりよい未来を作ること。それが「われわれ」の先人に対する最大の誠意なのかもしれないと、ここアメリカの地でそう思う。

Nidoto Nai Yoni.

# おわりに

いつのまにか夏が終わった。

シカゴでは、9月の第一月曜日のレイバー・デー（勤労感謝の日）を過ぎると、季節が「秋」に変わると言われている。夏の間、ミシガン湖沿いでビーチバレーや日焼けに興じていた人々はどこかへ消え、賑やかな音楽を流しながら営業していた飲食店は次々に店じまいをする。短パンにノースリーブという装いで過ごしていた人々は、月末には厚手のコートを纏《まと》うし、来月には初雪だって降るかもしれない。そして、秋が終わると、シカゴの長く厳しい冬がやってくることを、私たちは知っている。

そんな、どこかもの寂しい秋のシカゴで本書の「おわりに」を書いている。今、私が座っているカフェのこのテラス席も、きっと来週には撤去されてしまうに違いない。

今日は9月11日。同時多発テロから23年目を迎えた。23年前、まだ9歳だった私は、貿易センタービルが倒壊する衝撃的な映像こそ覚えているが、あのとき、アメリカという遠く離れた国で、何が起こっているのかはさほど理解できていなかった。

先日、ショーで共演した若いコメディアンが、舞台上で、

「9.11のとき、僕はまだ生まれていなかった」

と語っていた。

時代の流れを感じずにはいられない。

時代がどれだけ変わっても、おそらく、毎年9月11日には、アメリカに住む多くの人が「アメリカ」について考える。それは、悲劇を振り返りながら単に愛国心を確かめる、という意味合いにとどまらず、アメリカという国が辿った「歴史」や、国の「あり方」や「行く末」、そして「アメリカ人であることとは何か」という問いを内包している気がする。

昨晩、カマラ・ハリスとドナルド・トランプのテレビ討論会が行われた。今も、カフェの両隣のテーブルの客たちが、どちらがよかったかを熱っぽく話している。

思えば今年6月の時点では、秋の大統領選はバイデンとトランプの再戦になると誰もが疑わなかった。ジョージア州で6月に行われた討論会での低調なパフォーマンスを受けてもなお、バイデン陣営は選挙レースを戦いきるつもりでいただろう。

私もその算段で6月下旬、本書を書き始めた。そして、およそ半分を書き終えた7月13

日、ご存じのように、トランプが集会で撃たれた。耳から血を流しながら、拳を突き上げ観衆に向かって「ファイト！」と叫ぶ様子が臨時ニュースとして流れてきた。それからおよそ一週間でバイデンは選挙戦からの撤退を表明し、候補としてハリスを指名した。

当然のことながら、本書の構想は変更を余儀なくされたが、民主党の全国大会がここシカゴで行われていた8月下旬、ようやく初稿を書き終えることができた。本業のコメディに忙殺され、本来の締め切り（5月末）を大幅に過ぎてしまったが、上記のできごとを含められたことは怪我の功名だったと、あえてポジティブに感じてみる。


本書の構想には2019年に立ち上げたポッドキャスト番組『Saku's Radio from Chicago』が大きな影響を与えている。毎週ニュースを紹介するメインコーナー『What's Happening, America！（どうなってんのよ、アメリカ！）』がそのままこの本のタイトルになった。

番組開始当時は、いつか『Saku's Radio』が書籍化されるなど想像だにしなかった。5年間、私の与太話を聴き続けてくれたリスナー「サクラテス（リスナーの愛称）」には本当に感謝しかない。番組に関わるスタッフ（これまで関わって下さった方々も含め）にも改めて感謝を伝えたい。

本書担当の出来幸介さんも「サクラテス」のひとりだ。32歳の若輩者にこのようなチャンスを下さったばかりか、「褒めて伸ばす」スタイルで励まし続けてくれた。いつか恩返しをしなければと切に思う。スタンダップコメディアンとしてもっと成功することが、わずかばかりの恩返しになることと信じている。

5年前にポッドキャストが本になることをまるでわかっていなかったように、5年後に私のコメディアン人生がどうなっているかは、自分でもわからない。自分のことだってわからないのだから、これからアメリカがどうなるかなど、正直さっぱりわからない。

それでも、この国の「今」を見つめ続けることが、コメディアンとしての「夢」を具現化することにも直接的に通じる気がしている。

いつの日か、読者の皆様と、ここアメリカのコメディ・クラブでお会いできる日を心待ちにしている。

2024年9月11日
シカゴのコメディ・クラブ「セカンドシティ」内のカフェにて

# 関連年表

＊本書に登場する出来事を中心に掲載しています

| 西暦 | | 内容 | 本書の項目 |
|---|---|---|---|
| 1969 | 6月 | グリニッジ・ヴィレッジのゲイバー「ストーンウォール・イン」で性的マイノリティによる暴動が起きる。各地でLGBTQの権利獲得に向けたデモや運動が活発化 | 09 |
| 1973 | | ロー対ウェイド判決。多くの州で違法だった人工妊娠中絶が、初めて憲法上の権利として認められる | 10 |
| 1992 | 10月 | 日本人留学生の服部剛丈（ヨシ・ハットリ）さんがルイジアナ州で射殺される。撃った家主は起訴されるも、翌年5月に行われた刑事裁判で陪審員12人の全会一致で無罪評決 | 11 |
| 1993 | | 銃規制法案「ブレイディ法」成立、銃の購入にバックグラウンド・チェックなどが義務化される | 11 |
| 2014 | 8月 | 黒人青年マイケル・ブラウンが射殺、全米でブラック・ライヴス・マター（BLM）運動が起きる | 12 |
| 2016 | 8月 | NFLサンフランシスコ49ersの選手コリン・キャパニック、国歌斉唱の際に膝立ちとなり、警官による黒人の射殺に抗議。物議を呼ぶ | 17 |
| | 11月 | 共和党のドナルド・トランプがヒラリー・クリントンを破り、第45代大統領に当選 | |
| 2017 | 8月 | 南北戦争で南軍の司令官を務めたロバート・E・リー将軍の銅像を撤去する動きが活発化、バージニア州の公園内の設置されたリー将軍像をめぐって衝突が起き、1名が死亡する事態に（同銅像は2021年正式に撤去） | 14 |
| | 10月 | 『ニューヨーク・タイムズ』がハリウッドで影響力のあるプロデューサー、ハーヴェイ・ワインスタインの長年にわたる性暴力・セクハラ疑惑を報道したことから「#MeToo運動」が広がる | 08 |
| 2018 | 8月 | 主要キャストにアジア系俳優のみを起用した『クレイジー・リッチ！』全米公開 | 26 |
| 2019 | 7月 | MLBロサンゼルス・エンゼルスの投手タイラー・スカッグスが遠征先のテキサス州のホテルで急死、体内から「オピオイド」の一種が検出され、オピオイドの蔓延が社会問題に | 07 |
| | 8月 | 『ニューヨーク・タイムズ』の連載『1619プロジェクト』で批判的人種理論に注目が集まる | 14 |

| 年 | 月 | 出来事 | |
|---|---|---|---|
| | この年 | TikTok上で「#OkBoomer」のハッシュタグが登場、年長者の「古臭さ」や「老害っぷり」を嘲笑する際の若者ことばとして流行 | 13 |
| 2020 | 2月 | 第92回アカデミー賞で『パラサイト 半地下の家族』が作品賞ほか4部門を受賞。非英語作品の作品賞受賞は史上初 | 26 |
| | 3月 | WHO、世界的に感染が広まる新型コロナウイルスについてパンデミックを表明 | |
| | 5月 | ミネソタ州ミネアポリスで黒人のジョージ・フロイドが白人警官に窒息死させられ、BLM運動が全米・全世界で広がる | 12 |
| | 9月 | BTS『Dynamite』がアジア勢として1963年の坂本九『SUKIYAKI（上を向いて歩こう）』以来、ビルボードHot 100で初登場一位を獲得 | 26 |
| | | トランプ、民主党のジョー・バイデン初のテレビ公開討論会。不毛な応酬に「過去最悪のディベート」と酷評される | 03 |
| | 10月 | トランプ、新型コロナウイルスに感染 | 03 |
| | 11月 | バイデンがトランプを破り、第46代大統領に当選 | 03 |
| | この年 | BLM運動の中、コロンブスを英雄視することへの批判が高まり、ミネアポリス、ボストン、リッチモンドでコロンブス像の撤去が相次ぐ | 14 |
| 2021 | 1月 | 連邦議会議事堂にトランプ大統領の支持者らが乱入し、警察官を含む5人が死亡、500人以上が訴追（連邦議会議事堂襲撃事件） | 02 |
| | | ジョー・バイデン、大統領に就任。副大統領には女性で初めてカマラ・ハリスが就任 | 01 |
| | | シカゴ・ホワイトソックス（当時）の投手リアム・ヘンドリックス、移籍交渉に際して「プライド・ナイトをやっていない球団には行けない」と語り、批判が寄せられる | 17 |

| | | | |
|---|---|---|---|
| | 3月 | アトランタのマッサージ店やスパが次々と銃撃され8人が死亡、うち6人がアジア系女性であることから、アジア人へのヘイトクライムではという声があがり、「#StopAsianHate」のタグがTwitterでトレンドに | 26 |
| | 5月 | コメディアンのトニー・ヒンチクリフ、ライブで「Chink」など中国系を侮蔑する発言をし炎上、即日エージェントに解雇される | 08 |
| | 6月 | 6月19日が「奴隷解放の祝日（ジューンティーンス）」として全州の祝日に認定 | 12 |
| | 7月 | MLBオールスターゲーム開催、大谷翔平が日本人としてホームランダービーに初出場。開催地について、当初の開催地だったジョージア州の州法（州内の投票に際してID（身分証明書）提示の義務づけ）をめぐって批判が起こり、コロラド州に変更 | 17 |
| | 8月 | アフガニスタンからアメリカ軍撤退 | 01 |
| | 10月 | アラバマ州で開催されたカーレースで優勝したブランドン・ブラウンのインタビュー中に「くたばれ、バイデン」のコールが起きたことを機に「レッツゴー・ブランドン」が「ファック・ジョー・バイデン」を表す隠語に | 01 |
| 2022 | 1月 | ウーピー・ゴールドバーグが「ホロコースト」についての発言により炎上、批判的人種理論否定の流れを批判する文脈だったが、二週間の出演停止となる | 15 |
| | | フロリダ州で「Don't Say Gay法（ゲイと言ってはいけない法）」成立 | 15 |
| | 2月 | バイデン、「第二次世界大戦中の日系人強制収容を追悼する日」と題した公式声明を発表、日系人の公民権の剥奪を「わが国のもっとも恥ずべき歴史」と述べ、日本語で「Nidoto Nai Yoni」と締めくくる | 30 |
| | | ロシアによるウクライナ侵攻開始 | 05 |
| | | バイデン、米連邦最高裁判事にケタンジ・ブラウン・ジャクソン氏を指名。黒人女性は史上初 | 01 |
| | 3月 | ウクライナ大統領ゼレンスキー、アメリカ議会でキング牧師「I Have A Dream」を引用した演説を行い、国内でのウクライナ支援が広がる | 05 |

| | | | |
|---|---|---|---|
| | 3月 | 20 | 第94回アカデミー賞授賞式で、最優秀男優賞を受賞したウィル・スミスがプレゼンターのクリス・ロックをビンタする |
| | 4月 | 01 | コロナ禍を経て3年ぶりに大統領晩餐会が開催、バイデンは低調な支持率に「自虐ジョーク」で言及 |
| | | 15 | フロリダ州で、申請のあった132種類の算数の教科書のうち、54冊が不採択に。不採択になった教科書には「批判的人種理論」が含まれていたとされる |
| | 5月 | | テキサス州の小学校で銃乱射事件が起き、児童19人を含む21人が死亡。14日にニューヨーク州のスーパーマーケットで10人が殺害される銃乱射事件が起きたばかりだった |
| | 6月 | 10 | 最高裁は49年ぶりに「ロー対ウェイド判決」を覆し、人工妊娠中絶を違憲と判断。最高裁の決定とともに州内での中絶を全面的に禁ずる州法（トリガー法）が成立していた13州では、多くの女性が中絶へのアクセス権を失う |
| | | 11 | 28年ぶりとなる超党派の銃規制法にバイデンが署名 |
| | 7月 | 08 | フロリダ州で「Stop WOKE Act（ストップ・ウォーク法）」施行。州内の学校や職場で、人種や性別による過去の差別的行為に対する責任を共有する指導が禁止される |
| | 9月 | 16 | テキサス州、フロリダ州の共和党の両知事、不法移民をリベラルな都市に送りつける |
| | | 07 | バイデン政権、深刻化するオピオイド対策に15億ドルを捻出すると発表 |
| | 10月 | 29 | アンナ・メイ・ウォンの肖像が描かれた25セント硬貨の流通始まる。アジア系女性がアメリカの貨幣の肖像になるのは初 |
| | | 24 | Twitter社をイーロン・マスクが買収 |
| | 11月 | 01 | 中間選挙。下院は共和党が奪還するも、上院では民主党が多数派を維持 |
| 2023 | 1月 | 21 | グウェン・ステファニーの「私は日本人」発言が「文化盗用」として批判される |
| | 3月 | 22 | WBC決勝開催。会場はヒスパニック・マーケットを見込んで、前回大会までのカリフォルニア州からフロリダ州マイアミのローンデポ・パークに変更 |

| 年 | 月 | 日 | 事項 |
|---|---|---|---|
| | | 02 | ニューヨーク州の大陪審、トランプ前大統領を起訴。米国の大統領経験者の起訴は史上初。２０年大統領選の敗北を覆そうと集計作業に介入した疑惑などでトランプは8月までに4つの事件で起訴される |
| | 4月 | 09 | 米最大の小売売上高のビール「バドライト」が、広告にトランスジェンダーのインフルエンサー、ディラン・マルベイニーを起用すると発表し、保守層が反発。共和党支持を表明している歌手のキッド・ロックはSNSで抗議の意を示した |
| | 5月 | 23 | ハリウッドの脚本家組合WGA、賃上げやAIの脅威を争点としてストライキを決行、「AI争議」と呼ばれる |
| | 6月 | 02 | トランプ、フロリダ州連邦地裁の大陪審によってスパイ防止法違反など計37件の罪状によって起訴 |
| | | 25 | シンガポール出身のコメディアン、ジョセリン・チアによる、行方不明のマレーシア航空の飛行機ネタが「切り抜き」動画として拡散され、シンガポール外相が謝罪する事態に |
| | 9月 | 25 | 人気スタンダップコメディアン、ハサン・ミンハジが過去に披露したネタが、「彼の人種を利用した作り話」だったとして炎上 |
| | 10月 | 06 | ハマスの奇襲攻撃に端を発して、イスラエルによるガザ地区への攻撃始まる |
| | 12月 | 16 | 1か月の間に過去最多、前年同月比20%増となる30万人を超える不法移民が拘束 |
| | | 18 | 『タイム』誌の「今年の人」にアーティストとして初めてテイラー・スウィフトが選出。近年はインスタグラムなどで積極的に政治的発言も行う |
| 2024 | 2月 | 19 | グラミー賞の授賞式。テイラー・スウィフト、ビリー・アイリッシュら主要部門を女性歌手が独占 |
| | | 02 | トランプ、ニューヨーク州の地方裁判所から4億５０００万ドル（約７００億円）の賠償金の支払いを命じられる |
| | | 30 | コロラド州の日系アメリカ人強制収容所の跡地（アマチ）が国立公園に制定 |
| | | 13 | ニューヨーク市、SNSが若者の精神衛生に危機を及ぼしているとし、大手各社を相手取り、損害賠償を求める訴えを起こす |

| | | |
|---|---|---|
| 3月 | 大統領選の共和党候補指名争いでトランプ前大統領の勝利が確実に | 02 |
| | 世界最大のコメディ・フェスティバル「Just For Laughs」が経営不振により破産申請 | 25 |
| | ロサンゼルス・ドジャース、大谷翔平の通訳・水原一平を「巨額の窃盗」の疑いで解雇 | 27 |
| 4月 | トランプの「口止め料裁判」はじまる（ポルノ女優、ストーミー・ダニエルズ氏に支払った口止め料のために、経理を不正に改ざんしたことなどから、ニューヨーク州マンハッタンの大陪審によって34件の罪で起訴） | 02 |
| | シカゴを中心に人気のコンビニ「フォックストロット」全33店舗が経営不振により無期限休業を発表 | 04 |
| | 全米各地の大学などでパレスチナ解放とイスラエルへの資金引き上げを求めて学生による抗議運動が起き、ニューヨーク市警が介入、１００人以上が逮捕される | 06 |
| 5月 | トランプ、全会一致で有罪評決。アメリカ史上初めて刑事裁判で有罪評決を受けた大統領経験者に | 02 |
| | ロサンゼルス市、5月17日を「大谷翔平の日」に制定すると発表。アメリカでは毎年5月が、アジア系のルーツを持つ人々の文化を讃える「ＡＡＰＩ月間」となっている | 28 |
| 6月 | マクドナルド、レギュラーメニューの価格高騰を受けて「5ドルメニュー」の導入を発表 | 04 |
| | バイデン、不法移民を国外強制退去から保護する政策を発表 | 16 |
| | 4年ぶりにバイデンとトランプがテレビ討論会に臨むが、不毛なやり取りとバイデンの不調により、バイデンおろしが加速 | 03 |
| 7月 | ペンシルベニア州で演説中にトランプが狙撃され負傷 | 11 |
| | バイデン、大統領選からの撤退を表明、カマラ・ハリス副大統領への支持を表明 | |
| 11月5日 | アメリカ大統領選投票日 | 03 |

Saku Yanagawa

スタンダップコメディアン

マイリー・サイラスと同じ1992年生まれの32歳。カニエ・ウェストとジョン・ベルーシを生んだ街、シカゴ在住13年目。高校時代は野球部のキャプテンを務め、イチローを目指しメジャーリーガー志すも断念。大阪大学文学部在学中にスタンダップコメディアンの道へ。現在はシカゴのクラブにレギュラー出演しながら、全米各地でヘッドライナーとしても公演。2021年にフォーブス誌「世界を変える30歳以下の30人」に選出。2022年からはアメリカ中西部最大のコメディ・フェスティバル“World Comedy Expo”のプロデューサー兼芸術監督を務める。日本ではフジロック・フェスティバルの司会を毎年務める。著書に『Get Up Stand Up! たたかうために立ち上がれ！』(産業編集センター)、『スタンダップコメディ入門「笑い」で読み解くアメリカ文化史』（フィルムアート社）がある。MLB シカゴ・カブスの大ファン。好きな映画は『エース・ベンチュラ』と『生きる』。好きなミュージシャンはポーグスと伊東ゆかり。好きなコメディアンはクレージーキャッツと藤村有弘。

どうなってるの、アメリカ！
ニュース＆カルチャーが
ぐっと面白《おもしろ》くなる
アメリカ最前線《さいぜんせん》トピック30

2024年　10月　20日　第１刷発行

著　者　Saku《サク》 Yanagawa《ヤナガワ》
発行者　佐藤　靖
発行所　大和《だいわ》書房
東京都文京区関口1-33-4
電話　03-3203-4511

カバーデザイン　大倉真一郎
本文デザイン　二ノ宮匡（nixinc）
校正　円水社
編集　出来幸介
本文印刷所　厚徳社
カバー印刷所　歩プロセス
製本所　小泉製本


ISBN978-4-479-79815-6


https://www.daiwashobo.co.jp